Cecilie von Preußen
Erinnerungen an den Deutschen Kronprinzen

CECILIE
VON PREUSSEN

Erinnerungen an den Deutschen Kronprinzen

KOEHLER & AMELANG

MÜNCHEN BERLIN

Die Abbildungen stellte das Bildarchiv Preußischer
Kulturbesitz (bpk) zur Verfügung.

Die Deutsche Bibliothek – CIP-Einheitsaufnahme
Ein Titeldatensatz für diese Publikation ist bei
Der Deutschen Bibliothek erhältlich

© 2001 Koehler & Amelang Verlagsgesellschaft mbH München Berlin
Alle Rechte vorbehalten
Genehmigte Lizenzausgabe © by Koehlers Verlagsgesellschaft, Hamburg
Gestaltung: Bauer + Möhring, Berlin
Satz: Meike Lorenz, Berlin
Druck- und Bindearbeit: Friedrich Pustet, Regensburg
ISBN 3-7338-0315-9

Inhalt

Editorisches Geleitwort

Wenn eine Frau über ihren Ehemann eine Biographie schreibt, so gibt sie nicht nur ihr Wissen und ihre Ansichten über ihn preis, sondern verrät auch viel von sich selbst. So auch die Kronprinzessin Cecilie in ihren Erinnerungen an den Deutschen Kronprinzen. Dabei darf darüber gerätselt werden, ob sie alles wirklich so sah, wie sie es schildert, oder ob sie es so von der Öffentlichkeit aufgenommen wissen wollte. Neben dem Wunsch, das von ihr Erlebte und ihre Ansichten darüber mitzuteilen und damit mancher vermeintlichen Mißdeutung oder gar erfahrener Herabsetzung entgegenzutreten, die ihren Mann und sie betrafen, führte wohl auch ein berechtigter Selbstschutz ihre Feder. Das trifft insbesondere auf die Beschreibung ihres persönlichen Verhältnisses zum Kronprinzen zu, das im realen Leben doch größere Komplikationen aufwies. An ihrer tiefen Zuneigung zu ihm läßt sie jedenfalls nicht zweifeln. Der Kronprinz steht ganz im Mittelpunkt ihrer Erinnerungen an das gemeinsame Leben, das so großartig und mit höchsten Erwartungen begann, dem dann aber auch tiefe Enttäuschungen, Irrtümer und schwere Schicksalsschläge nicht erspart geblieben sind.

Daran trug der Kronprinz schwer, und sein Sohn Prinz Louis Ferdinand glaubte sogar, daß er schließlich an gebrochenem Herzen gestorben ist. Von seiner Mutter berichtete der Prinz, daß sie »ihr schweres Los mit unvergleichlicher Tapferkeit, ohne daß jemals ein Wort der Klage über ihre Lippen gekommen wäre«, ertrug. Die Tragik ihres gemeinsamen Lebens sieht Kronprinzessin Cecilie vor allem bei ihrem Mann, den es leiden ließ und mit Trauer erfüllte, daß er die hohe Bestimmung, in die er hineingeboren wurde, nicht leben konnte und ihm die Anerkennung, die er verdient zu haben glaubte, versagt blieb. Für sie war der Kronprinz ein Mann, den bester Wille, hoher Idealismus und besondere menschliche Qualitäten auszeichneten, was ihn auch für sie in hohem Maße für seine vorgesehene Führungsaufgabe qualifiziert erscheinen ließ.

Anläßlich seines Todes schreibt die Kronprinzessin: »Vor meinem Geiste rollten noch einmal die sechsundvierzig Jahre gemeinsamen Lebens ab: unsere erste Begegnung in Schwerin, die glanzvolle Hochzeit in Berlin, die Geburt unserer Kinder, die glücklichen Jahre in Danzig, unsere Auslandsreisen, die neunjährige Trennung durch Krieg und Verbannung, das Leben auf Oels und Cecilienhof, der Zweite Weltkrieg, die Flucht aus dem Osten, die letzten gemeinsamen Jahre ... Es war ein halbes Jahrhundert menschlichen Schicksals, in dem sich das Schicksal eines ganzen Volkes spiegelte.« Dies alles ist auch Gegenstand ihrer Betrachtungen in dem vorliegenden Buch. Es erschien erstmals 1952 nach dem Tod des Kronprinzen und verdient es, nicht nur aus Anlaß des Preußenjahres, wieder aufgelegt zu werden.

Die historische Wahrheit speist sich bekanntlich aus vielen Quellen, zu deren gewichtigen die Aussagen der Zeitzeugen gehören. Diese sind bei aller Subjektivität, bedingt durch die persönlichen Erfahrungen, Interessen und Lebensumstände der Berichtenden, ein wertvoller Beitrag zur Erhellung der Vergangenheit und somit auch eine wichtige Quelle der Geschichtsforschung. Aus ihrem eigenen Miterleben erfahren wir unter anderem von sonst nicht anders überlieferten Vorgängen, von verdeckten Zusammenhängen und den Motiven handelnder Personen. Das trifft auch auf die Erinnerungen der Kronprinzessin Cecilie zu. Ihre exponierte Position gab ihr die Möglichkeit zu naher Beobachtung wichtiger gesellschaftlicher Ereignisse. Sie zeigt dabei, was für eine Frau ihres Standes nicht selbstverständlich war, politisches Interesse, Urteilsvermögen und in ihren Publikationen den Mut zur Stellungnahme. So berichtet sie auch über die der Öffentlichkeit nicht unbekannt gebliebenen Auseinandersetzungen zwischen Kaiser Wilhelm II. und seinem erstgeborenen Sohn, schildert sie in ihren Anlässen und deutet sie in ihren tiefen Ursachen. Dabei relativiert sie aber diese Streitigkeiten, zeigt das ganze Verhältnis zwischen Vater und Sohn, legt dar, daß es noch eine andere Seite gab, die beispielsweise sichtbar wurde, als der Kronprinz es 1908 seinem Vater in der berühmten Daily-Telegraph-Affäre, als der ernsthaft an Rücktritt dachte, nicht an menschlichem Beistand fehlen ließ.

Indessen reagiert die Kronprinzessin mit deutlicher Entrüstung auf Kränkungen, die dem Kronprinzen widerfuhren. Etwa auf Hitlers Nichtachtung im Umgang mit ihm oder bei der Schilderung der Gefangennahme des Kronprinzen durch die französische Besatzungsmacht im Mai 1945, als der General de Lattre de Tassigny den ihm angebotenen Händedruck ausschlug. Wir erfahren die Kronprinzessin auch als Frau, für die im Mittelpunkt des Lebens die Familie steht. Immer wieder einbezogen in ihre Betrachtungen sind die Lebensumstände ihrer Kinder und Verwandten. Sie vermitteln Einsichten in die Familienbeziehungen und wecken Anteilnahme für tragische Ereignisse wie den Verlust zweier Söhne. Die durchaus nicht scherzhaft gemeinte Beschreibung des zeremoniellen Alltags von Wilhelm II. in seinem Exil in Doorn mag dagegen manchen doch etwas zum Schmunzeln bringen. Von den vielfältigen gesellschaftlichen Kontakten, von denen die Kronprinzessin nicht ohne Stolz berichtet, beeindruckt besonders die Anzahl namhafter Personen aus dem künstlerischen Leben, die vor allem in den zwanziger und dreißiger Jahren, in denen das Kronprinzenpaar als Privatleute bei seinen Einladungen eigenen Vorlieben folgend konnte, bei ihm zu Gast waren. Unter diesen Gästen, meist auf Schloß Cecilienhof, waren unter anderem Elly Ney, Wilhelm Furtwängler, Max Reinhardt, Curt Goetz, Ralph Benatzky und Heinz Rühmann. Den Rückblick auf die Vergangenheit, den Kronprinzessin Cecilie mit ihren Erinnerungen an den Deutschen Kronprinzen unternahm, umfaßt eine beachtliche Vielfalt des Zeitgeschehens und macht auch dadurch die Lektüre noch immer lesenswert.

Berlin, im Herbst 2001
Dr. Manfred Ohlsen

VORWORT

Die herzliche Anteilnahme, die mir anläßlich des Ablebens meines Mannes entgegengebracht worden ist, verbunden mit dem oft geäußerten Wunsch, ich möchte doch meine Erinnerungen an den Deutschen Kronprinzen aufzeichnen, haben mich zu dieser Niederschrift veranlaßt. Wie um alle Persönlichkeiten, die im öffentlichen Leben stehen, haben sich um ihn, der einmal als Träger eines historischen Namens berufen schien, die höchste Stelle im Reiche einzunehmen, gutgemeinte und böswillige Legenden gewoben.

Meine Liebe zu ihm hat mich keineswegs blind gemacht. Als Gefährtin seines Lebens und der Mutter seiner Kinder sind mir jedoch wie keinem anderen Menschen sein edler Geist, seine vornehme Gesinnung, sein offenes und bescheidenes Wesen offenbar geworden. Ich will ihn so darstellen, wie ich ihn erlebt, geliebt und verstanden habe, als einen Mann von offenherziger, gerader und gesunder Wesensart, der hoch über den Dingen stand und sich weder von ehrgeizigen Schmeicheleien noch von böswilligen Verleumdungen beeinflussen ließ.

Leider war es ihm nicht vergönnt, unser Volk durch die Wirrnisse unserer Zeit zu führen: der Kronprinz blieb Kronprinz. Darüber hinaus aber blieb er dem Leben zugewandt und gewann mit seinem Mitleiden und Mitfühlen die Herzen der anderen. Und eins kann ich mit gutem Gewissen sagen: Hätte der Kronprinz die Stellung erhalten, für die er geboren war, dem Deutschen Volke wäre mit Sicherheit vieles erspart geblieben.

Cecilie

Auch wir sind Flüchtlinge
Von Potsdam nach Kissingen

Anfang Januar 1945 fuhr mein Mann zu einer vier-
wöchigen Kur nach Oberstdorf, um sich seiner Leber-und
Gallenbeschwerden wegen in einem Sanatorium behan-
deln zu lassen. Er sollte Cecilienhof nicht mehr wiedersehen. Als seine Kur zu Ende ging, gab es für ihn keine
Möglichkeit mehr, nach Potsdam zurückzukehren. Die
Russen standen in Ostpreußen und Schlesien, und über
alle deutschen Straßen bewegte sich der tragische Zug
der Flüchtlinge nach Westen.

Unserm Vermögensverwalter, Baron von Plettenberg,
war es gelungen, sich bis nach Oberstdorf durchzuschla-
gen. Seine Schilderungen über die Zustände in Berlin, die
den bevorstehenden Zusammenbruch allzu deutlich sichtbar machten, erhöhten meines Mannes Sorge um mich
und die bei mir in Cecilienhof weilenden Kinder und Enkel. Baron von Plettenberg erbot sich sofort, nach Berlin
zurückzukehren. Auch überlegte er mit meinem Mann,
wie sich ein Teil der uns wertvollsten Gegenstände nach
dem Westen verlegen lasse.

Nach Überwindung unendlicher Hindernisse kehrte
Plettenberg auch tatsächlich nach Berlin zurück. Doch er
konnte meines Mannes Wünsche nicht mehr erfüllen:
nach seiner Ankunft wurde er von der Gestapo verhaftet.
Man warf ihm vor, an der Verschwörung des 20. Juli teilgenommen zu haben. Mein Mann und seine engeren Mit-
arbeiter wurden nach dem 20. Juli ständig überwacht. So
war auch Baron von Plettenbergs Fahrt nach Oberstdorf
von der Gestapo beobachtet worden. Plettenberg war ein
Mann, dem der Kronprinz immer sein vollstes Vertrauen

geschenkt und der dieses Vertrauen auch bis zu seinem tragischen Ende gerechtfertigt hat. Als er zu seiner letzten Vernehmung in der Prinz-Albrecht-Straße vorgeführt werden sollte, stieß er den ihn begleitenden Gestapobeamten zur Seite und stürzte sich aus dem nächsten Flurfenster – es war im dritten Stock – auf den Hof hinab. Er war sofort tot.

Unterdessen hatten sich die Ereignisse überstürzt. Ich hatte gerade mit einer starken Grippe gelegen und fühlte mich noch sehr schwach. Aber das Heranrücken der Russen ließ mir keine Wahl mehr; ich raffte mich auf und schloß mich, mit nicht mehr als dem notwendigsten Gepäck in der Hand, dem Zug der Flüchtlinge an. Die allgemeine Verwirrung und Ratlosigkeit machten es unmöglich, einiges uns Wichtige und Wertvolle noch rechtzeitig in den Westen zu schaffen, wie es mein Mann mit Baron von Plettenberg vereinbart hatte. So mußten wir alles im Stich lassen. Den Russen ist Unersetzliches in die Hände gefallen.

Flüchtlinge – das waren nun alle meine Lieben. Der einzige Trost war, daß wir uns in Cecilienhof noch einmal hatten versammeln können. Dann tauchten wir unter in dem großen, nach Westen sich ergießenden Strom der Heimatlosen, und das Schicksal verstreute uns. Mein Mann fand Unterschlupf in einer Jagdhütte im Kleinen Walsertal, ich selbst in Bad Kissingen. Dorthin kam auch mein Sohn Louis Ferdinand mit seiner Familie, bis er Gelegenheit fand, nach Bremen überzusiedeln. Meine Tochter Cecilie schlug sich auf eigene Faust nach Schloß Wolfsgarten durch, wo sie bei unseren hessischen Verwandten Unterkunft fand.

Prinzessin Wilhelm, meine Schwiegertochter Dorothea, die mit ihren beiden Töchtern Felicitas und Christa von ihrem niederschlesischen Gut zunächst nach Potsdam geflohen war, fand eine Zuflucht in Holstein. Dort lebten sie vier Jahre auf dem Lande, bis endlich in ihrem Elternhaus in Bonn eine kleine Wohnung frei wurde und sie sich ein neues Heim aufbauen konnten.

Nach Bad Kissingen gelangte ich mit einem der letzten D-Züge Berlin-Stuttgart, der durch Thüringen fuhr und unterwegs einige Male wegen Fliegeralarms anhalten mußte. Vor meiner Abfahrt hatte ich von Potsdam aus das uns befreundete Ehepaar San.-Rat Dr. Sotier und Frau in Kissingen angerufen, das sich trotz Überfüllung der Villa Fürstenhof bereit erklärte, uns aufzunehmen. Auch von den Kissinger Behörden und von der Bevölkerung wurden wir freundlich empfangen. Mein Sohn Louis Ferdinand war mit seiner Familie zwei Tage vor mir eingetroffen und, wie es damals nicht anders möglich war, in einer sehr engen Dachwohnung bei Sotiers untergebracht.

Es bedrückte mich sehr, daß ich ohne Nachricht von meinem Mann war. In den Wirren des Zusammenbruchs hatte ich jede Verbindung mit ihm verloren. Woche um Woche verging, ohne daß ich etwas von ihm erfuhr. In meiner Verzweiflung war ich mehrmals im Begriff, die amerikanische Besatzungsbehörde um Vermittlung zu bitten. Dann jedoch drang ein Gerücht zu mir: ich hörte, der Kronprinz sei im Walsertal von den französischen Behörden verhaftet und nach Lindau gebracht worden. Meine Sorge wurde nur noch größer.

Endlich, im August 1945, traf sein erster Brief bei mir ein. Er wurde mir überbracht durch einen sehr liebenswürdigen amerikanischen Offizier, der den Kronprinzen zufällig auf Burg Hohenzollern bei Hechingen getroffen hatte. So erfuhr ich zum ersten Male vom Aufenthalt meines Mannes auf der Stammburg seines Hauses.

Ich war sehr glücklich über dieses erste Lebenszeichen und tat alles, was in meinen Kräften stand, um zu meinem Mann zu gelangen. Ich ging zum Stadtkommandanten und bat ihn um Erlaubnis, Kissingen für einige Zeit zu verlassen. Der Kommandant, ein Oberst Warburg und Mitglied der bekannten, nach Amerika emigrierten Hamburger Familie, gab seine Einwilligung und stellte mir darüberhinaus ein Fahrzeug in Aussicht. Allerdings könne es noch einige Tage dauern.

Ich muß sagen, daß mir das Warten niemals so schwer gewesen ist wie in jenen Tagen. Aber eines Morgens stand tatsächlich ein Wagen vor meiner Tür. Ein Leutnant begrüßte mich kurzangebunden, während sein Fahrer mich überhaupt nicht begrüßte. Ich machte mir nichts daraus, denn nun fuhr ich endlich zu meinem Mann. Außerdem war es mir bewußt, daß ich in der Fahrgelegenheit ein großes Entgegenkommen der amerikanischen Behörde zu sehen hatte.

Sie fuhren in einem so scharfen Tempo, daß ich mehrmals fürchtete, aus dem Wagen geschleudert zu werden. Ich saß mit meiner Kammerjungfer auf dem harten Rücksitz des Jeeps. Und bald wurde mir auch klar, daß ich sie im Grunde nur auf einer Dienstreise begleitete, denn zunächst fuhren sie in eine ganz andere Richtung als nach Hechingen. Ihr Auftrag war, wie wir bald feststellen sollten, ein Internierungslager bei Ludwigsburg nach »Kriegsverbrechern« durchzukämmen. Im Jeep wartend, verbrachten wir lange Zeit auf dem Platz eines mit Stacheldraht umzäunten Lagers. Die Stunden erschienen uns wie Ewigkeiten.

Schließlich wurde die Fahrt fortgesetzt, und im gleichen raschen Tempo steuerte der Wagen jetzt meinem

Ziel zu: Hechingen. Ich war wie zerschlagen, als sich im klaren Abendlicht jenes Tages die Umrisse der Burg Hohenzollern vom Himmel abzeichneten.

Der Kronprinz erwartete mich bereits. Es war mir möglich gewesen, ihn von meiner Fahrt zu verständigen, wiewohl ich einen genauen Termin nicht hatte angeben können.

Bei dieser ersten Wiederbegegnung auf Burg Hohenzollern war ich vom Aussehen meines Mannes betroffen. Er war sehr abgemagert, die Kleider schlotterten ihm um den Leib. Er war ohnehin niemals ein starker Esser gewesen, jetzt aber nahm er weniger zu sich, als ihm als Normalverbraucher zugestanden hätte. Mir wurde jedoch klar, daß er schwere Wochen durchgemacht hatte, die an ihm zehrten, und bald erfuhr ich denn auch einige Einzelheiten.

Als im April die französischen Truppen in Süddeutschland einmarschiert waren, befand sich mein Mann in seiner Jagdhütte im Walsertal. Da er ein passionierter Gemsjäger war, hatte er dort seit vielen Jahren eine Jagd gepachtet. Jetzt, da ihm die Rückkehr nach Potsdam abgeschnitten war, wurde die kleine Hütte, die zu seinem Revier gehörte, seine Zufluchtsstätte.

Die Franzosen erfuhren sehr bald den Aufenthaltsort meines Mannes, ließen ihn aber zunächst unbehelligt. Am 4. Mai jedoch erschien ein französischer Oberst. Er kam in Begleitung von zwei Militärpolizisten und hatte den Befehl, den Kronprinzen nach Lindau ins Hauptquartier des Generals de Lattre de Tassigny zu bringen. Angesichts der beiden Militärpolizisten wurde mein Mann argwöhnisch. Doch der Oberst beruhigte ihn und versuchte, seinem Befehl die Bedeutung zu nehmen: der Kronprinz brauche sich nicht für längere Abwesenheit vorzubereiten, es handle sich um höchstens zwei Tage.

Aus den zwei Tagen sollten aber drei Wochen werden. Bei seiner Ankunft in Lindau wurde meinem Mann erklärt, daß er Gefangener sei. Obwohl ganz offensichtlich weder politische noch militärische Anklagen gegen ihn

KRONPRINZ WILHELM ALS STUDENT IN BONN, 1901

vorlagen, durfte er sein Hotelzimmer nicht verlassen; er wurde auch ständig von Militärposten bewacht. Auf den unfreundlichen und für meinen Mann verletzenden Empfang, den ihm der französische General bereitete, komme ich später zurück: es kam ganz deutlich das alte französische Vorurteil gegen das Hohenzollernhaus zum Ausdruck. Als schließlich der Kronprinz, dem die Motive seiner wochenlangen Haft völlig unverständlich waren, eine Erklärung verlangte, fand sich de Lattre de Tassigny zu einem kleinen Zugeständnis bereit: er stellte meinem Manne anheim, sich innerhalb des französischen Besatzungsgebietes einen Wohnsitz auszuwählen, betonte aber ausdrücklich, daß er weiterhin Gefangener bleibe.

Welchen Wohnsitz innerhalb der französischen Besatzungszone sollte mein Mann schon wählen? Er nannte schließlich die Burg Hohenzollern bei Hechingen, die Stammburg seiner Ahnen. Er hatte sie zwar zeit seines Lebens nicht betreten, wußte auch nichts von ihrer Beschaffenheit, und doch erschien sie ihm in diesem Augenblick als ein Stück eigenen Bodens: die Burg ist gemeinsamer Besitz der beiden Linien des Hohenzollerngeschlechtes, der preußischen und der schwäbischen.

Nun ist allerdings Burg Hohenzollern zum Wohnen kaum geeignet. Im Dreißigjährigen Krieg war sie von den Schweden bis auf die Burgkapelle zerstört und verwüstet worden. König Friedrich Wilhelm IV. ließ sie in den Jahren 1850-58 nach den alten Grundrissen und im Stil des 14. Jahrhunderts neu aufbauen. Sie ist seitdem eine historische Sehenswürdigkeit von ausgesprochenem Museumscharakter, das Ausflugsziel vieler Tausend Besucher, aber im Grunde kein Wohnsitz.

Als mein Mann dann zum ersten Male die Burg betrat,

gingen ihm die Schwierigkeiten auf. In welchem der Räume sollte er sich einrichten? Etwa in der Stammbaumhalle, in der von den Wänden die blauen und roten Linien der Geschlechtertafel leuchten? Oder im Grafensaal mit seinen hohen Marmorsäulen, vergoldeten Kronleuchtern, reichgeschnitzten Türen und Ahnenbildern? Oder in der Bibliothek, deren Wände der Geschichtsmaler Peters aus Berlin mit historischen Darstellungen ausgemalt hatte? Oder im Arbeitszimmer, in dem der Schreibtisch steht, an dem am 30. Oktober 1867 der damalige König Wilhelm von Preußen die Huldigungsadressen der süddeutschen Staaten entgegennahm?

Mein Mann wählte schließlich den Raum, den der Burgführer, wenn er die Scharen der Besucher durch die prunkvollen Räume geleitet, als »Schlafzimmer Seiner Hoheit« zu bezeichnen pflegt. Der riesenhohe Raum war alles andere als eine behagliche Wohnung. Die Einrichtung bestand aus Museumsstücken, und die Kachelöfen waren seit dem Erdbeben, das im Jahre 1941 die Schornsteine weggerissen und die Mauern stark beschädigt hatte, nicht mehr zu benutzen. Das Essen wurde im Burgrestaurant hergerichtet, war aber gewöhnlich kalt, wenn es über den weiten Schloßhof bis ins Zimmer meines Mannes getragen wurde.

Trotz alledem hatte sich mein Mann die ihm angeborene Heiterkeit bewahrt, mit der er sich jeder Lage anzupassen verstand. Als ich ihm meine Besorgnis über seine damaligen Lebensumstände äußerte, tröstete er mich mit den Worten, er betrachte seine Anwesenheit auf der Burg als einen romantischen Sommeraufenthalt.

Romantisch erschien offenbar auch vielen andern Menschen der Aufenthalt des deutschen Kronprinzen auf der historischen Burg seiner Ahnen. Zumindest erwachte die Neugier, und die Burg sah viele fremde Besucher. In der ersten Zeit waren es hauptsächlich Angehörige der französischen Besatzungsmacht, meist Offiziere, die im Gegensatz zu General de Lattre de Tassigny meinem Mann mit durchaus freundlichen Absichten begegneten. Viele äußerten ganz unverhohlen ihr Befremden über das Verhalten ihres Generals. Einer von ihnen, ein Fliegeroffizier, lud meinen Mann zu einem Flug über Hechingen ein, was für ihn eine willkommene Ablenkung war.

Bald nach den Franzosen kamen auch zahllose Amerikaner zum Besuch der Burg. Darunter befanden sich viele Deutschamerikaner, die es nicht begreifen konnten, daß der Kronprinz als Gefangener gehalten wurde; sie wußten schließlich alle, daß er sich am letzten Krieg nicht beteiligt hatte. Mit ihnen pflegte mein Mann in aller Offenheit über seine Erlebnisse seit seiner Gefangennahme zu sprechen. Einmal stellte ihm ein einfacher amerikanischer Soldat die schwer zu beantwortende Frage: »Hallo, Sir, wie fühlt man sich eigentlich, wenn man Kaiserliche Hoheit ist?« Die Frage war keineswegs neu, mein Mann hat sie in seinem Leben häufig hören müssen, aber auch nie anders darauf antworten können als mit einem belustigten Lächeln.

Später, als die Eisenbahn wieder in Betrieb genommen und es auch der deutschen Bevölkerung ermöglicht wurde, die Burg Hohenzollern aufzusuchen, sollte sich der Strom der Besucher mehren. Fast jedermann wollte wissen, wie es dem Kronprinzen gehe. Häufig meldeten sich bei ihm Kriegskameraden aus dem ersten Weltkrieg, die ihn zu sprechen wünschten und sich eingehend nach seinen Lebensumständen erkundigten. Es gab Tage, an denen er einigen Hundert Besuchern die Hand drücken mußte. Traf mein Mann einmal auf eine Gruppe interessierter Menschen, so machte er sich einen Spaß daraus, sie selber durch die Burg zu führen und eine Art Burgführer zu machen. Allerdings wichen seine, von lustigen Bemerkungen verwobenen Erläuterungen beträchtlich von den Erklärungen des amtlichen Burgführers ab: es gab zu viele Einzelheiten an der aus der Restaurationsepoche des vorigen Jahrhunderts stammenden überladenen Ausschmückung der Räume, an denen sich Ironie und Witz meines Mannes entzünden konnten.

Seine offenkundige Heiterkeit und Gelassenheit konnten mich jedoch nicht darüber täuschen, daß er die demütigende Haft in Lindau und den erzwungenen Aufenthalt auf der unwirtlichen Burg innerlich noch nicht verwunden hatte. Auch prägten sich in seinem Gesicht die tiefen Sorgen aus, die er sich, wie damals mehr oder weniger alle Deutschen, um die Zukunft unseres Vaterlandes machte. Ähnlich besorgt hatte ich ihn schon einmal gesehen – es war im ersten Weltkrieg. Und auch sein Bemühen, mit Gelassenheit über eine ihn erschütternde Kränkung hinwegzukommen, war mir nicht neu an ihm; es erinnerte mich an die Zeit seiner Verbannung in Holland nach dem ersten Krieg, die ihm innerlich außerordentlich zugesetzt hat. Doch davon später.

Bekümmert verließ ich nach einiger Zeit die Burg Hohenzollern. In einem kleinen Opelwagen, den mein Mann damals erstanden hatte, fuhr ich nach Kissingen zurück. Allerdings reichte das Benzin nur bis Stuttgart. In meiner Not mußte ich den dortigen amerikanischen Kommandanten, Oberst Dawson, um Hilfe bitten, die er mir in der freundlichsten Weise gewährte.

Sooft es die beschränkten Verkehrsverhältnisse zuließen, besuchte ich meinen Mann in Hechingen. Der Sommer 1945 war vergangen, und damit hatte für den Kronprinzen die Sorge begonnen, wie er den Winter auf der Burg überstehen könne. In der schönen Jahreszeit mochte es noch hingehen, in den mehr als Museum denn als Wohnung eingerichteten Räumen zu leben, aber der Winter machte dies schon aus dem Grunde unmöglich, da die Räume nicht zu heizen waren.

In seiner Not wandte er sich an den damaligen französischen Militärgouverneur Brochu, der von Anfang an meinem Mann sehr zugetan war und auch alles unternommen hatte, um ihm die ersten schweren Wochen auf der Burg zu erleichtern. So hatte er ihm auch die Möglichkeit gegeben, mit dem kleinen Opelwagen, den ich schon erwähnte, im Umkreis der Burg bis zu 25 km auszufahren. Nun war das Autofahren infolge des damaligen Benzinmangels ohnehin ziemlich eingeschränkt; außerdem befand sich der alte Wagen häufig in Reparatur. Aber immerhin, eine gewisse Beweglichkeit war doch gesichert. Da jede Kleinigkeit aus dem unten im Tal liegenden Hechingen den 855 m hohen Zollernberg hinaufgeschafft werden mußte, war ein Wagen einfach unerläßlich.

Gouverneur Brochu hatte ein Einsehen, als mein Mann ihm seine Lage schilderte. Ein Besuch auf der Burg überzeugte ihn dann vollends von der Unmöglichkeit, dort oben längere Zeit oder gar den Winter über zu wohnen. Tatsächlich war ja auch mein Mann der erste Bewohner der Zollernburg seit ihrer Wiederherstellung im vorigen Jahrhundert. Brochu selbst nahm sich vermittelnd der Wünsche meines Mannes an, und am 1. Oktober 1945 konnte er in der Villa Wolf in Hechingen eine Wohnung beziehen.

So begann endlich wieder ein normales Leben für meinen Mann. Das sehr rasch sich anbahnende freundschaftliche Verhältnis zu seinen Mitbewohnern – in dem Hause wohnten noch Frau Witwe Wolf und ihr schwerkriegsbeschädigter Sohn – trug wesentlich dazu bei, meinem Manne ein behagliches Heim zu schaffen.

An sich lebte er in Hechingen sehr zurückgezogen. Womit aber nicht gesagt sein soll, daß er sich völlig vom Umgang mit Menschen fernhielt. Das hätte nicht seiner Wesensart entsprochen. Mein Mann besaß von jeher ein starkes Bedürfnis nach offenherziger Freundschaft und freiem Gedankenaustausch. In Hechingen widerfuhr ihm das Glück, in Dr. Wolf und seiner Frau zwei Menschen zu finden, die ihrer ganzen Anlage nach das zu sein vermochten, was meinem Manne gerade in jener ersten schweren Zeit not tat: echte Freunde. Noch während seines Aufenthaltes auf der Burg hatte er sich ihnen angeschlossen. Nachdem er nach Hechingen übergesiedelt war, ergab sich für meinen Mann häufiger die Gelegenheit, mit dem Ehepaar zusammen zu sein. »Meine schönsten Stunden verbringe ich bei den Wolfs«, pflegte er mir zu sagen, wenn ich nach Hechingen kam. Und es wurde uns zur schönen Gewohnheit, am ersten, spätestens aber am zweiten Abend nach meiner Ankunft mit dem Ehepaar Wolf zusammenzutreffen.

Auch zu anderen Hechinger Bürgern stand mein Mann in einem guten, herzlichen Verhältnis, so zu dem Landrat Dr. Speidel und dem in unmittelbarer Nachbarschaft des Kronprinzen wohnenden Bürgermeister Binderreif. Ein lieber Besucher war ihm der evangelische Stadtpfarrer Machold, der, selber ein Flüchtling aus Schlesien, die vorwiegend aus Ostflüchtlingen beste-

hende evangelische Gemeinde in Hechingen betreut, der
dann auch die Trauung unserer Toditer Cecilie vollzog
und später, beim Tode meines Mannes, in der Trauerfeier
die Gedächtnisrede hielt. Sehr häufig kam auch der ka-
tholisdie Stadtpfarrer Bauer zu Besuch. Mein Mann
schätzte die Aufgeschlossenheit und das große Wissen
des Pfarrers, mit dem zu plaudern ein seltener geistiger
Genuß war. Es war für meinen Mann jedesmal eine
Freude, wenn sich der Pfarrer bei ihm melden ließ.

Eng verbunden fühlte sich mein Mann dem Prinzen
Franz Joseph, Zwillingsbruder des Fürsten von Hohenzollern-Sigmaringen. Da der Prinz in Hechingen wohnt, ergab sich von selber ein sehr reger freundschaftlicher Verkehr. Auch seinen Bruder, den Fürsten, der bei Sigmaringen
auf Schloß Krauchenwies lebt, besuchte mein Mann häufig.

Von besonderer Anziehungskraft war für ihn das
Mustergut Lindich, das der Fürst von Hohenzollern-
Sigmaringen in der Nähe von Hechingen besitzt. Von
seinem Pächter Rapp, einem ausgezeichneten Landwirt, vortrefflich geleitet, verfügt Gut Lindich über einen erstklassigen Pferde- und Rinderbestand. Wenn
mein Mann, der alte Pferdeliebhaber, das Gut besuchte,
galt sein erster Gang den Stallungen. Der gute Zustand,
in dem sich hier alles befand, begeisterte ihn. Hinzu
kam, daß er Pächter Rapp zwei eigene Pferde, die im
Frühjahr 1945 mit einem Flüchtlingstreck von Schloß
Oels nach Süddeutschland gelangt waren, in Pflege gegeben hatte. Aber auch viele wehmütige Erinnerungen
verbanden sich für meinen Mann mit dem Anblick des
prachtvollen Mustergutes. Wie oft mußte er hier an
seine eigenen Güter denken, an die Trakehnerzucht in
Oels, ja auch an unseren Reitstall in Potsdam, der mit

CECILIE UND DER KRONPRINZ, 1905

seinen edlen Vollblütern einmal eine große Sehenswürdigkeit gewesen war.

Leider fand das behagliche Wohnen in der Villa Wolf schon ein Jahr nach meines Mannes Einzug ein Ende. Das Haus mußte für den Gouverneur Brochu geräumt werden. Meinem Manne wurde eine sehr viel kleinere Wohnung in einem Hause zugewiesen, das bis dahin von Franzosen bewohnt gewesen war und nur wenige Schritte von der Villa Wolf entfernt lag. Es ging damals das Gerücht, Brochu sei zu dieser Maßnahme von den Gouverneuren der Umgebung veranlaßt worden, die ihm vorgehalten hätten, daß der Kronprinz besser wohne als er selbst. Tatsache war, daß Brochus Familie inzwischen in Hechingen eingetroffen war, und er infolgedessen eine größere Wohnung brauchte. Mein Mann hatte dafür volles Verständnis; sein gutes Verhältnis zu Brochu wurde dadurch in keiner Weise getrübt. Fast täglich besuchten sie einander. Wenn ich nach Hechingen kam, war Brochu der erste, der uns beide zu sich einlud. Ich gedenke dieser Abende noch gern und erinnere mich mit besonderem Vergnügen der temperamentvollen Madame Brochu, die im Wesen so verschieden war von ihrem stillen, zurückhaltenden Mann. Als Brochu im Jahre 1950 abgelöst wurde, nahm mein Mann an den offiziellen Abschiedsfeiern teil, die der scheidende Gouverneur gab. Ich brauche kaum zu sagen, welche Genugtuung mein Mann, der für alles Menschliche so empfänglich war, über die Wandlung empfand, die sich seit dem ersten so überaus kühlen Empfang bei General de Lattre de Tassigny vollzogen hatte. In Brochu hatte sich ihm schließlich die andere, die liebenswürdige Seite des französischen Charakters offenbart.

Ein großes menschliches Erlebnis sollte für meinen Mann die Begegnung mit Brochus Nachfolger werden. Dieser neue Gouverneur, Oberst Courtois, eine stille, zurückhaltende, fast kühle, aber sehr vornehme Persönlichkeit, zeigte in seinen geistigen Interessen eine merkwürdige Übereinstimmung mit denen meines Mannes. Noch überraschender war die Verwandtschaft ihrer Empfindungen, die nahe Berührung gewisser Gefühlsmomente, und selbst im Äußeren waren sie, beide schlanke Reitergestalten, einander merkwürdig ähnlich. Sie fanden sich sofort, und ich sage gewiß nicht zuviel, wenn ich Courtois den letzten großen Freund, den wahrhaft ritterlichen Kameraden meines Mannes nenne.

Sie fanden einander zunächst als Soldaten, als Soldaten einer fast ausgestorbenen ritterlichen Auffassung, die im gegenseitigen Respekt die alleinige Grundlage eines fruchtbaren Gedankenaustausches zwischen ehemaligen Gegnern sieht. Aus dieser Fühlungnahme als Soldaten aber wurde die tiefe Zuneigung zwischen einem deutschen und einem französischen Menschen.

Courtois war unter Marschall Liautey Kolonialoffizier gewesen. Mein Mann hatte immer in Marschall Liautey den eigentlichen Organisator der französischen Kolonialverwaltung bewundert, hatte sich mit seinen großen Leistungen gründlich beschäftigt und fand nun in Courtois einen ausgezeichneten Interpreten. Und wie er selbst, so hatte auch Courtois als Kavallerist die Tragik der Reiterei im modernen technischen Krieg erleben müssen. Es war für meinen Mann erschütternd, wenn Courtois, der im Zweiten Weltkrieg die Spahis befehligte, von dem hoffnungslosen Einsatz seiner Truppe gegen die deutschen Panzer erzählte.

Im Grunde fühlte sich Courtois, der auch im Alter meinem Manne nahestand, ebenso vereinsamt wie der Kronprinz, und vielleicht war dies der tiefere Grund ihrer wahrhaft herzlichen Freundschaft. Es verging kein Tag, an dem sie sich nicht sahen. Wenn Courtois einen französischen Besucher hatte, von dem er glaubte, daß er den Kronprinzen interessieren könnte, brachte er ihn mit meinem Manne zusammen.

Es war für beide ein großer Schmerz, als Courtois wegen Erreichung der Altersgrenze in den Ruhestand versetzt wurde und nach Frankreich zurückging. Bis zum Tode des Kronprinzen blieben sie in regem Briefwechsel. Courtois' Kondolenzschreiben machte mir noch einmal deutlich, welch tiefempfundene Freundschaft zwischen beiden Männern bestanden hatte.

Als sich Courtois damals von Hechingen verabschiedete, schenkte mein Mann ihm eine Marmorbüste, die Napoleons Bruder, den König Jerome, darstellte. Er stellte die schwere Büste mit Hilfe seines alten Kammerdieners Wölk auf den Kamin in Courtois' Wohnung während dessen Abwesenheit auf. Sodann bat der Kronprinz telefonisch Courtois, er möchte für wenige Augenblicke seine Wohnung aufsuchen. Als dieser dann das Zimmer betrat, war er im ersten Augenblick so gerührt, daß er kein Wort hervorbringen konnte. Dann umarmte er meinen Mann und sagte:

»Wie friedlich könnten doch unsere Völker als Nachbarn nebeneinander leben, würden sie einander so gut verstehen und kennen wie wir.«

Wenige Wochen nach dem ersten Besuch bei meinem
Mann auf der Burg empfing ich den Besuch von Geheimrat Berg, der seit 1914 Privatsekretär des Kronprinzen
war und zu jener Zeit die Reste des kronprinzlichen Ver-
mögens in Berlin verwaltete. Er hatte die Reise von Berlin
»per Anhalter« gemacht, das letzte Stück im Wagen des in
Schweinfurt beheimateten Herrn Otto Groha, den mir Geheimrat Berg bei dieser Gelegenheit vorstellte. Otto Groha
hat mir seitdem wertvollste Freundschaftsdienste erwiesen, und auch der Kronprinz schenkte ihm bald sein Vertrauen und seine Freundschaft.

Geheimrat Berg ist im Jahre 1947, durch ein fingiertes
Telegramm nach Berlin gerufen, von den Russen ver-
schleppt worden. Der Kronprinz hatte ihn vorher ge-
warnt, aber Berg, der von einem hohen Pflichtgefühl beseelt war, reiste dennoch.

Im November 1945 erhielt ich die Nachricht vom Tode
meines Bruders, des Großherzogs Friedrich Franz von
Mecklenburg. Er hatte mir immer besonders nahege-
standen, und es wäre mir tiefschmerzlich gewesen, hätte
ich ihm nicht die letzte Ehre erweisen können. Aber wie
sollte ich hinkommen? Er war auf Schloß Glücksburg in
Holstein gestorben, wo er seit dem Zusammenbruch als
Flüchtling lebte. Holstein war in jener Zeit wegen der
schwierigen Verkehrsverhältnisse von Kissingen sehr
weit entfernt und schien unerreichbar.

Wiederum war es Otto Groha, der mir selbstlos seine
freundliche und gütige Hilfe lieh. Er machte es mir mit
seinem Wagen möglich, die lange und mühselige Reise
zur Beisetzung meines Bruders zu unternehmen. Ich war

ihm für seine Hilfsbereitschaft um so dankbarer, als zu jener Zeit alle ethischen Werte aufgelöst zu sein schienen.

Die Benzinfrage wurde von den zuständigen amerikanischen und englischen Gouverneuren in liebenswürdiger Weise gelöst. Wir fuhren die lange Nacht hindurch. Morgens gegen sechs Uhr hielt ich es jedoch vor Kälte und Müdigkeit nicht mehr aus. In einem Bauernhof nahe bei Soltau brannte in der Wohnung schon Licht, und ein Mädchen fegte den Schnee von den Stufen vor dem Haus.

Ich fragte das Mädchen, ob ich mich in die Stube setzen und eine Weile ausruhen könnte. Es nickte und führte mich in die Stube, wo ich mich auf einem Stuhl niederließ. Die Wärme tat mir wohl. Das Mädchen hatte den Raum wieder verlassen, aber es öffnete sich ein kleines Fenster, das den Wohnraum mit der Küche verband, und ich sah aus einem Bäuerinnengesicht zwei große blaue Augen neugierig auf mich gerichtet. Gleich darauf kam die Frau zu mir herein und fragte unverhohlen: »Sind Sie nicht die Frau Kronprinzessin?«

Ich bejahte die Frage, und im Nu wurde es im Hause lebendig. Alle Hausbewohner eilten herbei, um mich zu begrüßen, und ein jeder erkundigte sich nach meinem Befinden, nach dem Kronprinzen und nach unsern Kindern. Bald darauf saß ich vor einem köstlichen Frühstück.

Nachdem es hell geworden war, trat ich die Weiterreise an. Gegen Abend – Reisen waren zu jener Zeit strapaziös und langwierig – trafen wir in Glücksburg ein.

Der Sarg meines Bruders stand, mit der Standarte bedeckt, in der Schloßkapelle. In dem ausgezehrten Gesicht des Toten erkannte ich kaum meinen Bruder wieder. Er war verhungert. Ein paar Kartoffeln und Steckrüben waren seit Monaten die einzige Nahrung der Flüchtlinge gewesen. Auch bei der Großherzogin, die krank im Bett lag, hatte der Arzt Hungerödeme festgestellt.

Die Beisetzung zeigte ein eigenartiges Bild. Im Trauergefolge marschierten einige Generale, Offiziere und Soldaten, die noch ihre Uniformen mit Rangabzeichen und Auszeichnungen trugen. Sie lebten, als Gefangene auf Ehrenwort, in den umliegenden Dörfern. Die Engländer hatten ihnen erlaubt, an der Beisetzung teilzunehmen.

Einige Wochen vorher waren noch die Bewohner des Schlosses auf dem Hof zusammengetrieben worden. Es hatte eine Durchsuchung der Räume stattgefunden, und bei dieser Gelegenheit war – bis auf einige Stücke, die meine kranke Nichte, die Herzogin Thyra, in ihrem Bett verborgen hatte – der Schmuck des Hauses Mecklenburg verschwunden …

Ein Blick zurück
Unsere Hochzeit

Mit dem Tod meines Bruders war für mich ein Stück Heimat dahingegangen. Der Abschied von ihm, erschwert durch die traurigen Umstände seines Todes, war dazu angetan, einen Vergleich mit einem andern, einem freudigen Abschied heraufzubeschwören. Ich mußte an das Jahr 1905 denken, als ich Mecklenburg verließ, um dem Kronprinzen meine Hand fürs Leben zu geben. Auf der Rückfahrt von Glücksburg drängten sich mir jene Erinnerungen übermächtig auf. Wenn ich gefragt würde, welches für mich das glanzvollste Ereignis meines Lebens gewesen ist, so kann ich nur antworten: meine Hochzeit im Jahre 1905.

Es sind einfach unauslöschliche Bilder, die sich mir an jenen vier Tagen zwischen dem 3. und 6. Juni 1905 eingeprägt haben. In Begleitung meiner Mutter und meiner Geschwister war ich am Vormittag des 3. Juni bei glühender Hitze von Schwerin abgefahren. In Wittenberge verließen wir unsern mecklenburgischen Sonderzug: wir befanden uns nunmehr auf preußischem Boden.

In Wittenberge wurde ich im Namen des Kaisers von drei Herren empfangen, die mir für die Dauer der Hochzeitsfeierlichkeiten als Ehrendienst zugewiesen waren. Außerdem waren zum Empfang der Kommandierende General des III. Armeekorps, von Bülow, der spätere Heerführer im ersten Weltkrieg, und die Damen meines neuen Hofstaates erschienen.

Im kaiserlichen Hofzug fuhr ich dann mit meiner Mutter nach Berlin weiter, während meine Geschwister in ihrem Sonderzug vorausfuhren. Auf dem Lehrter Bahnhof

TRAUUNG DES KRONPRINZEN FRIEDRICH WILHELM VON PREUSSEN
MIT CECILIE HERZOGIN ZU MECKLENBURG-SCHWERIN IM KÖNIGLICHEN
SCHLOSS BERLIN AM 6. JUNI 1905

fand wieder ein großer Empfang statt. Der Bahnhof bot ein prachtvolles Bild: seine Halle war innen und außen über und über mit Girlanden von roten Rosen ausgeschmückt. »Berlin streut Rosen« war das Motto jener Tage. Auch das Portal, durch das ich zu den für uns bereitstehenden Wagen schritt, war mit roten Rosen behangen, und rote Rosen waren über den ganzen Weg gestreut, der vom Bahnhof zum Schloß Bellevue führte.

Als wir in den Schloßhof einfuhren, präsentierte die als Ehrenwache aufgestellte Leibkompanie des 1. Garde-regiments zu Fuß unter der Führung des Hauptmanns Prinz Eitel Friedrich. Die Musik spielte den Parade-marsch. Der Kaiser half mir aus dem Wagen, hieß mich herzlich willkommen und führte mich die Front der Leibkompanie entlang. Darauf begrüßte mich der Kronprinz. Die Kaiserin, meine Mutter, meine Geschwister umarmten mich.

Nach dem Essen begab sich mein Verlobter zum Potsdamer Platz, um von dort aus seine Kompanie zum königlichen Schloß zu führen. Sein Einzug an der Spitze seiner Kompanie war wohl der Höhepunkt des Tages. Die Berliner rasten vor Freude, als sie den strahlenden schlanken jungen Menschen auf der schönen Fuchsstute zu Gesicht bekamen. Mit ihrem Jubel bewiesen sie ihrem Kronprinzen ihre uneingeschränkte Anhänglichkeit und Liebe.

Um fünf Uhr nachmittags trat ich, von der Kaiserin begleitet, meine Fahrt zum Berliner Schloß an. Wir fuhren in der von acht Rappen gezogenen historischen Brautkarosse des Hofes. Uns voraus ritten vierzig Postillione; sie bliesen , »Wir winden dir den Jungfernkranz« und andere fröhliche Weisen. Ihnen folgte einem alten Brauch gemäß das berittene Korps des Berliner Schlächtergewerbes, dann eine Eskadron des 1. Garde-Dragonerregiments mit

Trompetern an der Spitze. Das nächste waren drei sechsspännige Wagen, in denen der mecklenburgische Staatsminister Graf Bassewitz und die Herren meines Ehrendienstes saßen. Zwischen ihren und unserem Wagen ritt eine halbe Eskadron des Regiments der Garde du Corps, während die andere Hälfte der Eskadron mit den Wagen der Hofdamen den Beschluß des Zuges bildete.

Auch hier überall: rote Rosen. Zwischen den Bäumen, von Wipfel zu Wipfel, und an hohen Masten, die am Rand der Straße aufgestellt waren, hingen Gewinde aus roten Rosen. Und auf beiden Seiten drängte sich die jubelnde Berliner Bevölkerung.

Nachdem mich der Magistrat von Berlin willkommen geheißen hatte, bewegte sich der Zug weiter »Unter den Linden« entlang, vorbei an unübersehbaren Menschenmengen und mit Fahnen und Blumen geschmückten Häusern und Gebäuden. Als wir uns dem Schloß näherten, begannen die Kirchenglocken zu läuten und die Geschütze Salut zu schießen.

Auf dem Schloßhof ließ der Kronprinz seine Kompanie vor uns präsentieren. Der Kaiser, umgeben von den Prinzen des Hauses, empfing uns im Vestibül und führte uns in den Rittersaal des Schlosses. Dort waren bereits alle Fürstlichkeiten versammelt. Unter meinen Verwandten sah ich als erste meine Großtante, die Großherzogin Luise von Baden. Sodann meinen Onkel Großfürst Nikolaus, weiter Großfürst Michael Alexandrowitsch und meine Tante Miechen, die Großfürstin Wladimir, die alle aus Rußland gekommen waren. Nach der Begrüßung trat ich mit dem Kaiser und der Kaiserin auf den Balkon, um dem Vorbeimarsch der Kompame zuzusehen, die mein Verlobter führte.

Am Abend war im Weißen Saal große Galatafel. Für uns Damen war die Festlichkeit mit ziemlichen Schwierigkeiten verbunden: die schweren Samtschleppen der Kleider behinderten uns sehr in unseren Bewegungen. Gehen konnten wir überhaupt nicht, wenn die Schleppe nicht von zwei Pagen getragen wurde. Während des Essens mußten die Schleppen über die Stuhllehne gehängt werden.

Die hellerleuchteten Festsäle des königlichen Schlosses boten ein wahrhaft zauberhaftes Bild. Des Kaisers umsichtiger Oberhof- und Hausmarschall, Graf August Eulenburg, schritt mit seinem Stab durch die Säle, gab überall höflich, aber bestimmt seine Anweisungen und führte mit unendlicher Würde die Befehle seines kaiserlichen Herrn aus.

Fackelzüge, Ovationen, Empfänge, Diners füllten die nächsten beiden Tage aus. Am Abend des 5. Juni, dem Polterabend, war Galavorstellung in der Königlichen Oper Unter den Linden. Karl Muck dirigierte den 1. Akt aus »Lohengrin«, Richard Strauß den 3. Akt der »Meistersinger«. Auch das Theater war über und über mit Blumen ausgeschmückt. Dieses farbenprächtige Bild wurde vollendet von den schönen Toiletten der Damen und den glänzenden Uniformen.

Mein Hochzeitstag, der 6. Juni 1905, war wieder ein strahlend schöner, wenn auch heißer Sommertag. Zum Morgenkaffee kam bereits der Kronprinz und brachte mir einen riesigen Strauß roter Rosen. Etwas später erschien der Reichskanzler Bülow, der soeben in den Fürstenstand erhoben war. Dann empfingen wir das japanische Prinzenpaar Arisugawa, das die Geschenke des Kaisers von Japan überreichte. Es war insofern eine merkwürdige

Situation, als meine Mutter, die ja eine russische Großfürstin war, und die Japaner voneinander keinerlei Notiz nahmen: Rußland und Japan befanden sich damals im Krieg.

Nach den Empfängen verließ mich der Kronprinz: nach alter preußischer Sitte hat der Bräutigam sich am Hochzeitstag seiner Braut fernzuhalten. Für mich galt es jetzt, mein Hochzeitskleid anzuziehen, eine sehr umständliche Prozedur. Es war ein prachtvolles Silberbrokatkleid. Die Schleppe war vier Meter lang und unbeschreiblich schwer. Vier junge Damen haben sie getragen. Aber noch war mein Kleid nicht vollständig: im Chinesischen Kabinett schmückte mich die Kaiserin mit Hilfe ihrer Oberhofmeisterin eigenhändig mit der Krone und dem historischen Schmuck. Beim Befestigen der Krone wurde das goldene Toiletteservice der Königin Luise benutzt, das heute auf Burg Hohenzollern bei Hechingen neben anderen kostbaren Gedenkstücken ausgestellt ist.

Dann setzte sich der Hochzeitszug zusammen. Am Arm des Kronprinzen schritt ich an der Spitze des Zuges der Schloßkapelle zu, in der die Trauung vollzogen wurde. Inzwischen hatten sich in den Sälen und Galerien alle Gäste versammelt. Sie schlossen sich dem großen Hochzeitszuge an, der durch die historischen Räume zur Schloßkapelle ging. Schon von weitem empfing uns der wundervolle Gesang des Domchors. Als wir nach der Traurede des Oberhofpredigers D. Dryander die Ringe wechselten, begannen vom Lustgarten her sechsunddreißig Salutschüsse zu donnern.

Später fand im Weißen Saal die Defiliercour statt. Wir standen mit dem Kaiserpaar unter dem Thronbaldachin, während in langer ununterbrochener Reihe die geladenen Gäste an uns vorüberdefilierten und die Musik Polo-

näsen, Märsche und Lieder spielte. Nach dem Ende der
Cour formierte sich der Zug von neuem und bewegte sich
zur Hochzeitstafel in den Rittersaal. Ein Fackelzug im
Weißen Saal, bei dem wir wieder unter dem Thronbaldachin Platz nahmen, beendete die Feierlichkeiten. Und
dann begann der Tanz.

So zauberhaft die ganze Zeremonie war, so muß ich
doch auch sagen, daß sie für mich sehr anstrengend gewesen ist. Denn meine schwere Schleppe und die Prinzes-
sinnenkrone bildeten eine beträchtliche Last. Schleppen
und Kronen wiegen eben schwer.

Wie groß ist die Zahl derer, die das Gewicht der
Schleppen und Kronen schließlich erdrückt hat! Der Her-
zog von Windsor zählt in seinen Memoiren einige der
Trauergäste auf, die am Begräbnis seines Großvaters, des
Königs Eduard VII., teilnahmen: Kaiser Wilhelm II., den
König von Spanien, den König von Portugal, den Erzher-
zog Franz Ferdinand von Österreich, den Großfürsten
Michael Alexandrowitsch von Rußland. Sie alle verloren
Thron und Ruhm.

Aber der Herzog von Windsor nennt auch einige der
Trauergäste, die beim Begräbnis seines Vaters, des Königs
Georg V., zugegen waren: den Marschall Pétain aus
Frankreich, den Marschall Tuchatschewskij aus Ruß-
land, den Freiherrn von Neurath und den General von
Rundstedt aus Deutschland, König Carol von Rumänien,
König Boris von Bulgarien – auch sie alle endeten in der
Verbannung oder im Gefängnis oder durch Henkershand.

»Optimismus ist Feigheit«, pflegte Oswald Spengler,
der Kulturphilosoph, zu sagen, wenn wir ihm vorwarfen,
ein Pessimist zu sein.

Der Kronprinz hat Spengler sehr verehrt. Wir sahen ihn gelegentlich bei uns als Gast, und die Unterhaltungen mit ihm sind mir unvergeßlich geblieben. Ich sehe ihn noch deutlich vor mir mit seinem mächtigen Kahlschädel, den durchdringenden Augen unter den starken Brauen, dem suggestiven Blick, dem breiten Kinn über dem Umlegekragen. Er war von funkelnder, sprühender Geistigkeit, und selbst noch im Tonfall seiner Stimme schwang die sieghafte Überzeugungskraft mit. Im vertraulichen Gespräch war er von einer rückhaltlosen Offenheit, viel mehr noch als in seinen Schriften, diskutierte scharf und schlagfertig, nahm »kein Blatt vor den Mund«, durchtränkte jedes Wort mit der Kraft seiner Persönlichkeit.

»Die Fähigkeit des Denkens«, sagte er, »ist wertlos, wenn nicht der unbedingte Mut des Denkens hinzukommt. Wunschdenken ist noch verhängnisvoller als Dummheit.«

Auch wer Spenglers Kulturphilosophie kritisch gegenübersteht, muß schließlich zugeben, daß seine nüchternen, präzisen und unbestechlichen Prognosen sich in geradezu unheimlicher Weise bewahrheitet haben. Die Gespräche mit Spengler haben für meinen Mann viel dazu beigetragen, daß er in Hitler das erkannte, was er war, nämlich ein Verhängnis.

Spengler starb 1936. Sein suggestiver Blick hat sich mir unauslöschlich eingeprägt. Später haben wir, mein Mann und ich, ihm so manches Mal unsere erschrockenen Einwände abgebeten, wenn sich wieder einmal erfüllte, was er in seiner Hellsichtigkeit vorausgesagt hatte. Und nicht allein er.

FACKELTANZ AM HOCHZEITSABEND

Indien

Manch einer, der Schloß Oels zum ersten Male betrat, mag wohl in der Vorhalle im ersten Augenblick einen gelinden Schrecken bekommen haben, wenn er plötzlich im Halbdunkel des Raums eine Gruppe von Tigern sah, die auf den Besucher zuzuspringen schien. Tatsächlich machte diese ausgestopfte Tigerin mit ihren beiden Jungen – Jagdtrophäen meines Mannes aus Indien – einen seltsam lebensechten Eindruck. Daß mein Mann seine ganz besondere Freude an dieser Tigergruppe hatte, ist verständlich, denn für ihn war sie noch ein Stück Wirklichkeit. Wenn etwas in seiner Erinnerung farbige Lebendigkeit behalten hat, dann sind es gewiß seine indischen Jagderlebnisse gewesen.

Er trat seine Indienreise gegen Ende des Jahres 1910 an. Ich begleitete ihn damals bis nach Ceylon, mußte aber auf Wunsch des Kaisers von dort aus umkehren: Der Kaiser war um meine Gesundheit besorgt und fürchtete, daß ich den Strapazen und Gefahren des indischen Klimas nicht gewachsen sei. Ich fuhr von Ceylon nach Ägypten zurück, um hier die Rückkehr meines Mannes abzuwarten. So erlebte ich also nur den Anfang des großen Abenteuers und, soweit es die Jagd betrifft, auch nur als aufmerksame Zuhörerin. Die Jagd begann nämlich schon auf Ceylon: die Pirsch ging auf Elefanten.

Ich entsinne mich noch recht gut jener aufregenden Tage. Zusammen mit seinem Freunde Graf Finckenstein erlegte mein Mann einen Rogue-Elefanten. Allerdings verhehlten mir die beiden Jäger auch nicht ihre Enttäuschung: Ein viel älterer und größerer Elefant, den sie angeschossen und durch Dickicht und Sumpf auf mühevollen und gefährlichen Pfaden verfolgt hatten, hatte sie zum Narren gehalten und war ihnen durchgegangen.

Während ich also nach Ägypten zurückfuhr, reiste mein Mann nach Indien weiter. Als Gast der Engländer wurde er dort aufs freundlichste empfangen und sehr großzügig bewirtet. Auf seinen Exkursionen durchs indische Märchenland begleitete ihn eine große Jagdgesellschaft, mit der er in einem gemeinsamen, sehr großen und komfortablen Zelt kampierte. Unvergeßlich ist meinem Mann jener heiße Tag geblieben, an dem er seinen ersten Tiger erlegte. Zudem war es der Weihnachtsabend 1910. Er hat mir oft erzählt, wie die Aufregung und Spannung, während er auf dem Hochsitz den Tiger erwartete, ihm beinahe die Besinnung geraubt haben und wie er schließlich, nachdem der Tiger durch einen glücklichen Schuß getroffen war, seinem indischen Führer, dem Schikan, um den Hals gefallen ist, wobei die Kanzel fast zusammengebrochen wäre.

Das war im Gebiet von Jaipur. Von dort stammen auch die drei Tiger, die in der Vorhalle von Schloß Oels die Besucher erschrecken. Überhäupt gehörte Jaipur zu den eindrucksvollsten Erlebnissen der Indienfahrt. Mein Mann hatte sich mit dem Maharadscha von Jaipur angefreundet, der außerordentlich gastfrei war und sich gerade in den Weihnachtstagen in rührender Weise bemühte, meinem Mann und seinen deutschen Begleitern die trüben Gedanken zu verscheuchen, die unweigerlich jeden Deutschen anfallen, der das Fest fern der Heimat verbringen muß. Die Freundschaft mit dem Maharadscha sollte von Dauer sein; nach dem ersten Weltkrieg besuchte er uns auf Oels, und die Tage waren für ihn und meinen Mann nicht lang genug, um alle Erinnerungen aus jener Zeit auszutauschen.

Von Indien aus gedachte mein Mann noch weiter-
zureisen: er wollte über die hinterindischen Länder nach
Japan. Aber so freundlich und großzügig die Engländer als
Gastgeber gewesen waren – hier machten sie meinem
Mann einen Strich durch die Rechnung. Sie vermuteten,
ganz zu Unrecht, politische Absichten hinter seinen Reise-
wünschen. Es kam sogar zwischen London und Berlin
über diese Sache zu einem Notenwechsel, wobei London
sich eines ziemlich fadenscheinigen Vorwands bediente:
In Hinterindien, so sagte man, sei die Pest ausgebrochen,
und man könne nicht die Verantwortung übernehmen,
daß sich der Deutsche Kronprinz in ein pestgefährdetes
Gebiet begebe.

Wien

So kehrte also mein Mann etwas früher als beabsich-
tigt nach Ägypten zurück. Ich will nicht leugnen, daß es
zwischen uns beim Wiedersehen ein kleines Schmunzeln über die naive Ausrede der Engländer gegeben hat.
Doch muß ich von mir selbst sagen, daß ich über unsere
raschere Wiedervereinigung sehr glücklich war. Mein
Mann war ganz erfüllt von seinen indischen Erlebnissen, doch zum ausführlichen Erzählen kam er in Kairo
nicht. Schließlich gab es auch in Ägypten viel Neues und
Interessantes aufzunehmen. Außerdem führten wir ein
bewegtes gesellschaftliches Leben. Auch hier über-
schütteten uns die Engländer mit Aufmerksamkeiten;
mein Mann spielte mit ihnen Golf und Polo. Und die
deutsche Kolonie in Kairo nahm die Gelegenheit wahr,
ihr soeben fertiggestelltes Krankenhaus in unserer
Gegenwart einzuweihen. Ich denke sehr gern an die Zeit
in Ägypten zurück.

Von Kairo reisten wir weiter nach Korfu, wo damals der Kaiser und die Kaiserin weilten. Es ist bekannt, wie sehr der Kaiser diese schöne immergrüne Insel geliebt hat. In jedem Frühjahr fuhr er auf seiner Jacht, der »Hohenzollern«, nach Korfu und wohnte einige Wochen in dem herrlich am Meer gelegenen Schloß Achilleion, das früher der Kaiserin Elisabeth von Österreich gehörte. Mit dem größten Interesse verfolgte der Kaiser die Ausgrabungen des Archäologen Wilhelm Dörpfeld, der in der Meinung, daß nicht Ithaka des Odysseus Heimatinsel sei, in der griechischen Inselwelt, vor allem auf der Insel Leukas, nach Odysseus' wahrer Heimat forschte. Dörpfeld war ein hervorragender Kenner der griechischen Antike; er war an der Freilegung von Olympia beteiligt gewesen, hatte viele Ausgrabungen geleitet und besaß eine ausgezeichnete Kenntnis des griechischen antiken Theaters.

Mein Mann mußte dem Kaiser ausführlich über seine Indienfahrt berichten, wobei es auch den Kaiser erheiterte, daß der Kronprinz von den Engländern aus Indien hinauskomplimentiert worden war. Nur vier Tage währte indessen unser Aufenthalt auf Korfu. Dann brachte uns die »Hohenzollern« nach Brindisi. Die Dünung in der Adria war so stark, daß wir alle ohne Ausnahme seekrank wurden, wie ich gestehen muß. Wir waren froh, daß die Fahrt nicht so lange dauerte.

»Thronfolger müssen reisen«, sagte beim Abschied der Kaiser.

Mit unserem Besuch am römischen Hof begann eine Reihe von offiziellen Besuchen, die wir auf seinen Wunsch hin den Höfen in Rom, Wien, St. Petersburg und schließlich in London, zur Königskrönung, abstatteten. So wurde dieses Jahr 1911 zu einem rechten Reisejahr für uns beide.

Wir fanden überall eine sehr freundliche Aufnahme, und doch verschwiegen wir uns nicht, daß auch überall mahnende Zeichen eines drohenden Konflikts zu erkennen waren. Ich brauche nicht zu sagen, wie sehr mein Mann damals schon besorgt war, aber wie wenig wurde seine Sorge anerkannt und wie oft wurden seine Bedenken sowohl vom Kaiser wie von dessen Ratgebern in den Wind geschlagen!

Von Rom, wo wir als Gäste der königlichen Familie zwei schöne Tage verlebten, fuhren wir nach Wien weiter. Wenn mir etwas den Gegensatz zwischen dem Wiener und dem Berliner Hof deutlich gemacht hat, dann sind es die wenigen Tage gewesen, die wir damals in Wien zugebracht haben. Die Berliner Etikette, gegen die mein Mann immer so wetterte, war geradezu hochmodern gegen das überaus steife, aus spanischer Tradition kommende Wiener Hofzeremoniell.

Schon beim offiziellen Empfang auf dem Bahnhof glaubten wir uns in eine längst versunkene Welt versetzt. Mein Kammerherr von Behr, der entweder verblüfft oder von den Wienern schon angesteckt war, erstarrte plötzlich zu so steifer Haltung, daß Fritz von Zobeltitz, der alte Spaßmacher und Adjutant meines Mannes, dem Kammerherrn in die Kniekehle stieß. Was mich betrifft, so habe ich mir, glaube ich, alle erdenkliche Mühe gegeben, den höfischen Bräuchen in Wien gerecht zu werden.

Kaiser Franz Joseph empfing uns in schneeweißer, goldbesetzter Feldmarschallsuniform. Er war ein sehr liebenswürdiger, gütiger alter Herr, wenn auch wortkarg und still, ja beinahe stumpf. Als Gastgeber war er äußerst charmant. Unvergeßlich ist mir der Abend, an dem wir auf Schloß Schönbrunn seine Gäste waren und er uns schon auf der Freitreppe willkommen hieß. Was uns aber überraschte, war die Beobachtung, daß selbst innerhalb der kaiserlichen Familie ein Übermaß höfischer Etikette zutage trat. Alle Mitglieder der kaiserlichen Familie bewahrten dem alten Herrn gegenüber die gleiche Zurückhaltung wie bei jedem anderen Zeremoniell, was uns befremdete.

Wir wohnten während unseres Wiener Aufenthaltes in der Hofburg. Wegen der Karwoche fand kein Hofball zu unserm Empfang statt, was ich persönlich sehr bedauert habe. In gewisser Weise wurden wir jedoch entschädigt durch ein Hofkonzert, das sich an ein großes Diner anschloß.

Auch auf Schloß Bellevue waren wir an einem jener Tage eingeladen, als Gäste des damaligen Thronfolgers Erzherzog Franz Ferdinand und seiner liebenswürdigen Gattin, der Herzogin von Hohenberg. Bei dieser Gelegenheit entwickelte der Erzherzog meinem Mann gegenüber Gedanken, die diesen erschrecken mußten. Von der serbischen Frage ausgehend, sprach der Erzherzog ziemlich deutlich von der Unvermeidbarkeit eines europäischen Konfliktes und enthüllte dabei, wenn auch vorsichtig tastend, die österreichischen Pläne. Für den Kronprinzen waren diese Andeutungen alarmierend. Er wußte zu genau, in welch peinliche Abhängigkeit unsere Außenpolitik in allen Ostfragen von den überspannten Ideen Wiens geraten war; er teilte auch Bismarcks große Sorge, daß uns diese Abhängigkeit eines Tages zum Verhängnis werden könne. Aber ich sagte schon, daß mein Mann mit seinen Bedenken in Berlin niemals Gehör fand. Das Schicksal hat schließlich dem gefährlichen Spiel des Erzherzogs ein Ende bereitet, aber damit auch gleichzeitig den Funken entfacht, der sich zum Weltbrand ausweiten sollte.

Zarskoje Selo

Dieses Jahr 1911 war, ich sagte es schon, ein Reisejahr für uns. Aus Wien heimgekehrt, war es uns nicht vergönnt, die mit der Indienfahrt begonnene fast halbjährige Abwesenheit in Muße zu beschließen. Der Wunsch des Kaisers, daß wir die größeren europäischen Höfe besuchten, schloß auch St. Petersburg ein. Und so reisten wir bald nach unserer Rückkehr nach Zarskoje Selo zum Besuch der russischen Kaiserfamilie.

Wir wohnten in dem mitten in einem großen Park gelegenen Alexander-Palais, das mit dem Katharinen Palais, dem Peterhof und dem Pauls-Palais zu der Reihe der historischen Schlösser gehört, die im weiten Halbkreis St. Petersburg im Westen einsäumen. Was unseren fünftägigen Aufenthalt in Zarskoje Selo so angenehm machte, war der sehr enge familiäre Kontakt mit der kaiserlichen Familie, mit der wir zusammen im Alexander-Palais wohnten. Besonders waren es die Töchter des Kaiserpaares, die sich uns rasch anschlossen. Sie betraten ganz ungezwungen unsere Zimmer und gaben sich uns gegenüber in offenherziger, zutraulicher Weise. Von meinem Mann waren sie geradezu begeistert. Ich erinnere mich noch gern der Ausflüge, die wir mit ihnen in dem riesengroßen Park machten.

Tragisch aber wirkte auf uns der Anblick des schwächlichen, immerzu kränkelnden Thronfolgers Alexei Nikolajewitsch. Obwohl er damals schon acht oder neun Jahre alt war, wurde er immer noch von einem kräftigen Matrosen umhergetragen. Die Eltern, besonders die schöne, aber immer verlegen, ja menschenscheu wirkende Kaiserin Alexandra, hingen mit unendlicher Zärtlichkeit an dem armen, lebensunfähigen Spätgeborenen und verziehen ihm manche Ungezogenheit. Beim Essen kroch er gewöhnlich unter den Tisch.

Kaiser Nikolaus hatte an einem jener Tage, am 18. Mai, seinen Geburtstag, und so waren wir Zeugen der großartigen Parade, die an diesem Tage vor dem Schloß in Zarskoje Selo stattfand und bei der das Leibkosakenregiment seine berühmten Reiterspiele, die sogenannte Dschigitowka, vorführte. Die nach außen hin so glänzende Fassade vermochte uns jedoch nicht darüber zu täuschen, daß sich Kaiser Nikolaus damals schon auf seinem Thron sehr unsicher fühlte. Auf Schritt und Tritt begegnete man den Sicherheitsmaßnahmen, die aus Angst vor Attentaten getroffen waren. Mein Mann sagte mir eines Tages, er fühle sich hier im Gefängnis und würde den Tod durch eine Bombe solch einem Leben vorziehen. Vor dem Schlafzimmer des Kaisers wachte allnächtlich, auf dem Fußboden lagernd, seine gesamte Leibwache, an die hundert Soldaten. Als wir einmal mit dem Kaiser eine Autofahrt machten, fiel uns auf, daß alle Dörfer wie ausgestorben waren: es war jedermann, außer den Polizisten, verboten, sich an seinem Fenster, geschweige denn auf der Straße sehen zu lassen, wenn der Kaiser durchfuhr.

Als Mensch gab sich Kaiser Nikolaus schlicht und ungezwungen. Mein Mann war zu ihm schon im Jahre 1903, bei seinem ersten Besuch in St. Petersburg, in ein freundschaftliches, ja herzliches Verhältnis getreten. Auch jetzt fand ihr Zusammensein in freundschaftlicher Atmosphäre statt. Jeden Morgen fuhren sie in zwei dicht nebeneinander hergleitenden Kanus über die Kanäle des großen Parks und besprachen während der Fahrt eingehend und in aller Offenheit die politische Lage. Mein Mann gewann dabei die Überzeugung, daß sich an Kaiser Nikolaus'

49

Deutschfreundlichkeit nichts geändert hatte. Allerdings wußte er auch zu gut, daß im Grunde nicht Kaiser Nikolaus in Rußland das Zepter führte, sondern die Kaiserin-Mutter Maria Feodorowna und der Großfürst Nikolai Nikolajewitsch, die beide aus ihrer Abneigung gegen alles Deutsche kein Hehl machten.

Krönung in London

Bald nach unserm Petersburger Besuch reisten wir nach England, um an der Krönung König Georgs V. teilzunehmen.

Der Kaiser hatte den Kronprinzen und mich als seine Abgesandten nach London geschickt. Es entsprach dem Brauch, daß gekrönte Häupter nicht selber an den Krönungsfeierlichkeiten teilnahmen. Wir fuhren auf dem großen Kreuzer »Von der Tann« nach England. Dieser Kreuzer war eines der modernsten Schiffe unserer Flotte. Er machte 27 Knoten in der Stunde und lief mit solcher Geschwindigkeit, daß die britischen Torpedoboote, die uns auf der Themse begleiteten, weit zurückblieben. Es war eine herrliche Fahrt.

Von der Themse aus fuhren wir im Sonderzug nach London. Im Buckingham-Palast wurden wir vom König und der Königin empfangen. Wir wohnten auch im Buckingham-Palast. Es waren die Vertreter vieler Königshäuser in London eingetroffen.

Am Morgen des 22. Juni 1911 brachte uns eine Equipage zur Westminsterabtei, in der nach alter Tradition die englischen Könige gekrönt werden. Wir teilten unsern Wagen mit dem österreichischen Erzherzog Karl Franz Joseph und dem türkischen Thronfolger. Angesichts der langen Dauer der Zeremonie – es waren in der Tat sechs

Stunden – hatte der Kronprinz ein Fläschchen Kognak mitgenommen, damit ich mich notfalls stärken konnte. Auf der Rückfahrt machte sich mein Mann den Spaß, von dem Kognak auch dem türkischen Prinzen anzubieten, der ja als Mohammedaner keinen Alkohol trinken durfte. Aber zu unserer Überraschung nahm der Prinz die dargebotene Flasche mit Freuden an.

In der Abtei herrschten Ruhe und Würde. Es wurde alles mit jener Stille durchgeführt, die einem solchen Anlaß geziemte. Man führte uns auf unsere Plätze im Chor neben die andern ausländischen Gäste. Es waren alle Länder durch Abgesandte vertreten. Der Abgesandte Äthiopiens trug als Kopfschmuck eine riesige Löwenmähne, mit der er jedesmal, wenn er seinen Kopf wandte, seinen Nachbar im Chorgestühl im Gesicht kitzelte.

Während des Wartens sahen wir uns in der ehrwürdigen Abtei um. Da standen die Großwürdenträger, die Pairs, die Erzbischöfe und Bischöfe; da lagen auf dem Tisch die Kroninsignien: Eduards des Bekenners Krone, der Reichsapfel, das Zepter, die goldenen Sporen, die Schwerter der Gerechtigkeit und Curtana, das Schwert der Gnade.

Anfänglich war das Licht etwas dämmerig, doch begannen die Schatten nach und nach zu schwinden und die vielen regungslosen Gestalten zu enthüllen, die in der riesigen Kirche winzig klein und wie steife Puppen wirkten. Wahrhaftig, es gab sehr viel zu sehen. Allein die Farbenpracht war ein Fest für das Auge: das Blau der Samtbehänge, der blaue Mantel des Prinzen von Wales, die karmesinroten Gewänder der Pairs und ihrer Gemahlinnen und ihre weißen Hermelinpelze fügten sich zu den Nationalfarben Blau-Weiß-Rot zusammen. Zu diesem Augenerlebnis kam die leise Erregung des Wartens, das Fehlen lauter Menschenstimmen, das langsame Anschwellen der Orgelmusik.

Plötzlich ertönte von den Galerien ein vielstimmiger Chor: »Vivat, vivat Rex Georgius!« Die Krönungs Zeremonie hatte begonnen.

Die Schriftstellerin V. Sackville-West hat den Krönungsakt meisterhaft geschildert, und ich muß ihr beistimmen, wenn sie von mittelalterlichem Gepränge spricht.

In einer Prozession, umringt von Bischöfen, auf jeder Seite begleitet von zwanzig Hofkavalieren, schritten der König und die Königin über den blauen Teppich auf den leeren Thron zu. Der König trug sein Staatsgewand, auf dem Kopfe den Staatshut; acht junge Pagen trugen seine Schleppe.

Es war ein Schaugepränge, das nach sehr alten, an altgermanische Krönungsbräuche anknüpfende Riten seinen Fortgang nahm. Nachdem der König vor dem Altar gebetet hatte, rief der Erzbischof von Canterbury in die vier Himmelsrichtungen: »Hier stelle ich Euch König Georg, Euern unbestrittenen König, vor. Seid Ihr bereit, ihm zu huldigen und zu dienen?« Und jedesmal schallte der Ruf zurück: »Gott schütze König Georg!« Am Altar legte der König seinen Eid ab und küßte die Bibel. Dann hoben vier Ritter des Hosenbandordens einen goldenen Baldachin über den König, der nun vom Erzbischof gesalbt wurde.

Darauf erfolgte die eigentliche Krönung. An Stelle der Staatsgewänder wurden dem König jetzt eine weiße Tunika und ein goldener Überwurf umgelegt, der bis zu den goldenen Sporen herabreichte. Man hing ihm die Kette aus Ringen um die Schultern, gürtete ihm das Schwert um und überreichte ihm Reichsapfel und Zepter. Schließlich wurde ihm die Krone aufs Haupt gesetzt, und kurz darauf setzten die Pairs ihre Adelskronen auf. Trompeten schmetterten, Trommeln dröhnten, die Menge rief: »Gott schütze den König!«

Es war sehr eindrucksvoll, doch noch eindrucksvoller war für mich die Krönung der Königin, und zwar der Augenblick, in dem sich die Pairsfrauen ihre Kronen aufsetzten. Dies geschah mit einer einzigen Bewegung von wunderbarer Schönheit. Die weißen Arme erhoben sich mit einem Rauschen, als seien es Vogelschwingen, und mit der edeln, stolzen Biegung von Schwanenhälsen.

Wie die Feier begonnen, so endete sie auch mit einer Prozession, während man von draußen das Volk jubeln hörte.

Wir fuhren gegen drei Uhr in den Buckingham-Palast zurück. Bei der Familientafel saß ich neben dem damaligen Prinzen von Wales. Er sprach sehr wenig und machte einen schüchternen Eindruck. Ich habe ihn nie wiedergesehen. Die nächsten Tage waren angefüllt mit Festen, Theateraufführungen, Bällen. Eine imposante Flottenschau, bei der alle Schiffe über die Toppen geflaggt hatten, bildete den Abschluß der Krönungsfeiern.

Für uns war die Flottenschau noch ein besonderes Erlebnis. Unser Schiff, der große Kreuzer »Von der Tann«, erregte größtes Interesse. Die Begleitdampfer, auf denen sich die Leute alle nach einer Seite drängten, um die »Von der Tann« genau zu sehen, sind beinahe gekentert.

Ich saß übrigens in der Westminster-Abtei Churchill und seiner Frau gegenüber. Ein paar Tage später schenkte Frau Churchill ihrem Sohne Randolph das Leben.

Ein Erlebnis aus seiner Kindheit ist meinem Manne
bis zuletzt gegenwärtig geblieben: seine erste, unfrei-
willige Begegnung mit dem Fürsten Bismarck. An einem
frühen Morgen, vor Beginn des Hausunterrichts, war er
beim Rekognoszieren der unteren Räume des Berliner
Schlosses in ein kleines Zimmer geraten, in dem er zu seiner Überraschung Fürst Bismarck sitzen sah. Eine un-
gnädige Abfuhr erwartend, wich er erschrocken zurück,
doch Bismarck winkte ihn zu sich heran, legte ihm seine
riesige Hand auf die Schulter und sah ihn mit seinem
durchdringenden Blick an:

»Kleiner Prinz, Sie gefallen mir, bewahren Sie sich
Ihre frische Natürlichkeit«, sagte Bismarck, während er
ihm einen Kuß gab.

So unvergeßlich wie diese Worte sind meinem Manne
auch Gestalt und Persönlichkeit des Kanzlers geblieben.
Ja er hat stets in tiefer Verehrung zu Bismarck gestanden.

Doch war dies auch einer der Punkte, in denen er mit
seinem Vater nicht übereinstimmte. Ich werde im Laufe
dieser Aufzeichnungen mehrfach vom Gegensatz zwischen Kaiser und Kronprinz sprechen müssen, doch
möchte ich hier auch nicht mißverstanden werden. Wirk-
liche Zerwürfnisse, von denen mitunter gemunkelt wurde, hat es in Wahrheit nie gegeben. Mein Mann hat in auf-
richtiger Liebe an seinem Vater gehangen, in ihm vor allem die edle Persönlichkeit verehrt, und umgekehrt hat
auch der Kaiser seinen Sohn sehr geliebt.

Meinungsverschiedenheiten zwischen Vater und
Sohn ergeben sich in vielen Familien. Sie haben ihre

Wurzeln nicht allein im Generationsunterschied, sondern meist auch in der Verschiedenheit von Charakter und Temperament. Gerade im Hohenzollernhaus sind solche Konflikte zwischen Vater und Sohn mehrfach zutage getreten; ich erinnere nur an Friedrich den Großen und seinen Vater, König Friedrich Wilhelm 1.

Zu einem so dramatischen Konflikt wie im Falle der beiden letzteren ist es jedoch im Verhältnis zwischen Kaiser und Kronprinz niemals gekommen. Wohl gab es zuweilen heftige Auftritte, wobei der Kaiser, der im Denken und Handeln sehr impulsiv war, zornig auf den Tisch schlagen konnte. In vielen Fällen aber hat mein Mann, selbst wenn ihm die Handlungen des Kaisers unverständlich erschienen, seinen Standpunkt zu verstehen gesucht. Der tiefere Grund ihrer Meinungsverschiedenheiten lag, wie ich glaube, ganz einfach in der Tatsache, daß Kaiser und Kronprinz zwei verschiedenen, ja kontrastierenden Zeitaltern angehörten.

Im Gegensatz zu seinem Vater vertrat der Kronprinz eine freiere, von der Etikette gelöstere Lebensauffassung. Er hatte keinen Sinn für höfische Feierlichkeit, dekorative Repräsentation und vor allem nicht für Regeln, die der Wirklichkeit entfremdet waren. Er empfand es zum Beispiel als störend, daß er mit seinem Vater nur selten unter vier Augen sprechen konnte. Der Etikette gemäß war meist ein Dritter zugegen, ein Kabinettschef oder ein Würdenträger aus der Umgebung des Kaisers. Hierdurch erhielten die Aussprachen einen mehr offiziellen als privaten Charakter, was häufig genug die Spannung noch verschärfte.

Es waren auch nicht immer die angenehmsten Dinge, die mein Mann seinem Vater vorzutragen hatte. Es gab viele Personen, die sich in bestimmten Angelegenheiten, besonders wenn es sich um Mißstände handelte, an den Kronprinzen wandten, um ihn zu einer Vermittlung beim Kaiser zu bewegen. Grundsätzlich hat mein Mann solche Vermittlung nur dann übernommen, wenn er sich von der Berechtigung der Wünsche überzeugt hatte; doch blieb sie auch dann noch gewöhnlich eine unangenehme Aufgabe.

In dieser Hinsicht tat er wohl seinen schwersten Gang Anfang 1907, als Gerüchte über angebliche Verfehlungen des nächsten Freundes des Kaisers, des Fürsten Philipp Eulenburg, in die Öffentlichkeit drangen. Unter dem Eindruck der Anschuldigungen, die vor allem Maximilian Harden in seiner Zeitschrift »Die Zukunft« gegen den Fürsten erhob, vermochte damals mein Mann ebensowenig wie sonst jemand am Hof die Intrige zu durchschauen, die von einer gewissen Presse angezettelt wurde, um den Kaiser durch Verächtlichmachung seines besten Freundes zu treffen. Der Kaiser, wiewohl sehr erschüttert, stand von Anfang an den gegen Eulenburg erhobenen Anwürfen skeptisch gegenüber, war aber seinem Sohn für den mutigen Schritt dankbar.

Die spätere Zeit hat das Unrecht, das damals Fürst Eulenburg zugefügt wurde, in vollem Maße aufgedeckt, wozu wesentlich die Veröffentlichung des bekannten Historikers Professor Johannes Haller »Aus dem Leben des Fürsten Philipp zu Eulenburg-Hertefeld« beigetragen hat. Der Sohn des Fürsten hat mir in liebenswürdiger Weise einen Brief des Kaisers vom 8. September 1927 zur Verfügung gestellt, aus dem die Auffassung des Kaisers klar hervorgeht. »Mein lieber Büdi!« schrieb der Kaiser, den jungen Fürsten mit seinem Kindernamen anredend. »Durch Zufall erfuhr ich durch den bei mir kommandierten Dr. Saar, daß er Deinen armen Vater – meinen treuen

unvergeßlichen Freund – in seiner schweren Verfolgungszeit betreut hat. Ich bat ihn, den Niederschlag unseres Gesprächs, seine Beobachtungen betreffend, niederzuschreiben, mit dem von ihm gewonnenen einwandfreien Urteil
über die gemeinste aller Intrigen, die je gespielt. Der
Schlag, den Dein seliger Vater als hingebender Märtyrer
auffing, galt mir, er stammte aus einer Quelle, für deren
Revolutionsbestrebungen gegen mich und mein Haus es
der einleitende Schritt war.« Im Nachsatz zu dem Bericht
des Dr. Saar hatte der Kaiser vermerkt: »Ich bin nach wie
vor und stets der Ansicht, daß der Fürst absolut unschuldig war und einem von Holstein und Harden herbeigeführten Justizmord zum Opfer fiel. Es war der erste
Schlag gegen die Monarchie, die Einleitung der Revolution. D'abord aviler et puis detruire. «

Der Kronprinz hat es immer für seine Pflicht gehalten,
den Kaiser in aller Offenheit gerade über das zu unterrichten, was ihm sonst geflissentlich vorenthalten wurde.
Doch gelang es ihm nicht immer, seinen Vater zu überzeugen. Es kam auch vor, daß der Kaiser, wenn er einmal
einen Rat meines Mannes anerkannt hatte, recht bald
wieder von einem seiner Ratgeber umgestimmt wurde.

Bei aller Liebe war es dem Kaiser doch nur selten möglich, ohne Vorbehalt der Denkart seines Sohnes zu folgen.
Gewisse Wesenszüge meines Mannes blieben ihm unverständlich, ärgerten ihn sogar häufig, so vor allem meines
Mannes Abneigung, sich dem höfischen Stil anzupassen.

Ein Mensch jedoch hat für meines Mannes Art von
früh auf das liebevollste Verständnis gezeigt: seine Mutter, die Kaiserin. Als ältester, Sohn stand er ihr stets besonders nahe. Sie hat in rührender Weise seine Sorgen
und seine Wünsche geteilt und in vielen Schwierigkeiten,

die sich zwischen Vater und Sohn ergaben, begütigend und ausgleichend gewirkt. Dieses auf tiefer Liebe und gläubigem Vertrauen beruhende Verhältnis zwischen Mutter und Sohn hat sich bis zur letzten Stunde bewährt.

Als die schönsten Jahre, die wir miteinander verbracht haben, betrachte ich die Zeit in Danzig. Im Grunde war es eine Strafversetzung, die meinen Mann zum Kommandeur des 1. Leibhusarenregiments beförderte. Er war im Reichstag mit dem alten Führer der Sozialdemokraten, August Bebel, zusammengestoßen. Bebel glaubte gehört zu haben, daß der Kronprinz, damals noch ein junger Offizier, aus Mißfallen über eine Redewendung des greisen Sozialistenführers zornig mit dem Säbel aufgestoßen habe, was durchaus möglich ist.

Der Zwischenfall war für meinen Mann eine ernste Lehre, und das nicht allein der Vorwürfe wegen, die ihm der Kaiser machte. In der Gestalt des alten Bebel war ihm auch zum ersten Male eine politische Tatsache entgegengetreten, deren Gewicht ihm bis dahin nicht bewußt gewesen war.

Danzig war ziemlich weit weg von Berlin. Meinem Manne gefiel es sehr gut dort, und auch ich war nicht traurig über die Versetzung. Es sollte, wie gesagt, unsere schönste Zeit werden. Später wurde mein Mann jedoch wieder nach Berlin zurückversetzt, und als Soldat hatte er zu gehorchen.

Neulich fiel mir ein kleiner Zettel in die Hand, der mich an jene Zeiten, allerdings schon vor dem Zwischenfall mit Bebel, erinnerte. Er war von der Kaiserin geschrieben und enthielt nur die vier Worte: »Kümmere dich um Papa!«

Es war mitten in der Nacht, als meinem Manne der Zettel gebracht wurde. Er stand sofort auf: wenn die Kaiserin so dringend nach ihm schickte, mußte es um den Kaiser sehr schlimm stehen.

Mein Mann eilte sofort zu seinem Vater und blieb lange Stunden bei ihm. Der Kaiser machte den Eindruck eines völlig gebrochenen Mannes, der alle Zuversicht und jedes Selbstbewußtsein verloren hatte. Er rang mit dem Entschluß, abzudanken.

Was den Kaiser damals, es war im November 1908, so tief erschüttert hat, erfuhren wir Frauen erst nach und nach. Es handelte sich um Bülow, seinen Kanzler und Freund, der ihn vor dem Reichstag verraten und verleumdet hatte. Im Londoner »Daily Telegraph« war kurz vorher ein Aufsatz von der Hand des Kaisers erschienen, der in der ganzen Welt einen Sturm erregte. Bülow bestritt jetzt, den Inhalt des Artikels vorher gekannt zu haben. Dabei hatte ihm das Manuskript zweimal vorgelegen, wie schon aus seinen Sichtvermerken hervorging.

Der Kaiser hat über den Vorfall geschwiegen. Aber sein Vertrauen zu Bülow war dahin. Er war tief verzweifelt, und sein Zustand machte auf meinen Mann, der damals 26 Jahre alt war, einen unauslöschlichen Eindruck.

Aber auch ihn selbst sollte ich in späteren Jahren einige Male ähnlich vergrämt sehen, sei es im Kriege, sei es nach seiner Rückkehr aus der Verbannung, sei es nach seiner Haft in Lindau. Nur reagierte er anders als sein Vater auf Enttäuschungen. Er war zwar durchaus begeisterungsfähig und vertrauenswillig, sah aber zugleich immer zu klar, um sich selbst zu täuschen.

Als ich ihn einmal an der Front besuchte, es war im Mai 1915, entdeckte ich Spuren der Sorge und Ernüchterung in seinem Gesicht, mochten sie auch für den Augenblick von der Freude des Wiedersehens überdeckt werden. Es war mir klar, daß sich etwas in ihm verändert hatte.

Während meines Aufenthaltes wurde sein Hauptquartier – wahrscheinlich hatte der Salonwagen, mit dem ich gekommen war, die Aufmerksamkeit des Feindes erregt – zum ersten Male von Bombern angegriffen. Das Bombardement dauerte vier Stunden, und es wurden 160 Bomben auf das ungeschützte Haus abgeworfen. Einige Menschen, Soldaten und auch Zivilisten, verloren ihr Leben. Es war für mich ein erschütterndes Erlebnis – und doch: wie wenig bedeutet es gegen das, was im zweiten Weltkrieg Millionen Menschen jahrelang durchgemacht haben. Ich erwähne es, weil es mit jenem andern für mich erschütternden Erlebnis zusammenfiel. Während der vielen Stunden, die das Bombardement dauerte, beobachtete ich meines Mannes Gesicht näher, aus dem ich alle seine Sorgen ablesen konnte.

Als am 9. November 1918 die Revolution ausbrach, siedelte ich mit meinen Kindern vom Cecilienhof ins Neue Palais in Potsdam über. Es waren für uns alle aufregende, beklemmende Stunden. Was würde mit uns geschehen? Am tiefsten besorgt um uns war die Kaiserin. Ich gestehe, wir lebten alle in einer gewissen Angst. Aus diesem Grunde wurde ich im Ankleidezimmer des Kaisers einquartiert. Seine Räume waren bis dahin als eine Art Heiligtum angesehen worden. Doch jetzt, in dieser Stunde der Bedrängnis, schienen sie der besorgten Kaiserin den sichersten Schutz für uns zu bieten.

Auch war beschlossen worden, das Palais zu verteidigen. Die Verteidigung sollte Prinz Eitel Friedrich übernehmen. Als ich davon hörte, widersprach ich sofort dieser Absicht. Da sich in diesen Augenblicken nur Frauen und Kinder im Palais aufhielten, hielt ich es für ausgeschlossen, daß uns ein Leid geschehe. »Man wird den Frauen und Kindern nichts tun«, sagte ich aus meiner Überzeugung und bat Prinz Eitel Friedrich, von jeglichen Verteidigungsmaßnahmen abzusehen.

In der Tat sind wir unbehelligt geblieben. Was geschah, war lediglich, daß in der Frühe des 10. November die Autos des kaiserlichen Hofes entwendet wurden.

Dennoch fuhr die Kaiserin fort, in der rührendsten Weise um mich und die Kinder besorgt zu sein. Sie riet mir dringend, mit den Kindern die Nähe des unruhigen Berlin zu verlassen. Sie hätte es sogar am liebsten gesehen, wenn ich nach Holland gegangen wäre. Ich wollte aber unter keinen Umständen aus Deutschland, nicht einmal aus Potsdam weggehen. Unsere Kinder sollten, das war mein sehnlicher Wunsch, in Deutschland aufwachsen, deutsch erzogen und ihrem Volke nicht entfremdet werden. Das sah dann auch die Kaiserin ein, wiewohl sie sich sehr schweren Herzens von uns trennte. Sie folgte dem Kaiser nach Holland. Es war ihr nicht mehr beschieden, die geliebte Heimat wiederzusehen.

Ich verstand mich sehr gut mit der Kaiserin. Ich verehrte sie wegen ihrer Selbstlosigkeit und aufrechten Haltung. Eine gewisse Strenge, die jedoch weniger ihrem menschlichen Wesen als ihrer Würde als Kaiserin entsprang, zeigte sie auch mir gegenüber; dennoch verstanden wir uns ausgezeichnet. Ich habe immer in ihr das Urbild einer Landesmutter und darüber hinaus eine große, bewundernswerte Frau gesehen. So bieder, wie sie oft dargestellt worden ist, war sie keineswegs.

Der Kronprinz war nach Ausbruch der Revolution nach Holland gegangen. Die neue Regierung verwehrte es ihm, die ihm unterstellten Truppen heimzuführen. So blieb ihm nichts anderes übrig, als zunächst im neutralen Ausland Aufenthalt zu nehmen. Ihm wurde damals die kleine öde Insel Wieringen in der Zuidersee als Verbannungsort angewiesen.

Damit verlängerte sich die Zeit der Trennung von seiner Familie, die im August 1914, als der Kronprinz an der Spitze der 5. Armee nach Frankreich ausrückte, begonnen hatte. Er kehrte erst fünf Jahre später, am 9. November 1923, aus Wieringen zurück. Zusammen mit den viereinhalb Kriegsjahren waren das fast zehn Jahre. Obendrein jene Jahre, die man im Leben eines Menschen als die besten zu bezeichnen pflegt.

DER KRONPRINZ ALS SOLDAT
UND HEERFÜHRER

Ich bin mir klar darüber, daß in den meinem Mann ge-
widmeten Erinnerungen eine Würdigung des Soldaten
und Heerführers nicht fehlen darf. Wie aber soll ich als
Frau eine solche geben? Verstehe ich doch herzlich wenig
von der kriegerischen Tätigkeit eines an hoher Stelle ste-
henden, mit Verantwortung beladenen soldatischen Füh-
rers. Ich halte mich daher in nachfolgendem vorwiegend
an das, was mir der Kronprinz und andere mit den Vorgängen vertraute, urteilsfähige Persönlichkeiten darüber
erzählt haben, was insbesondere der Kronprinz selbst in
seinem militärischen Erinnerungswerk anschaulich und
überzeugend geschildert hat. So viel aber darf ich aus eigener Kenntnis, weil aus eigenem Miterleben, vorweg sagen, daß mein Mann nicht nur aus dem in der Hohenzol-
lemfamilie traditionellen Brauch Soldat gewesen ist, sondern aus innerer Passion für den Beruf. Er war dabei alles
andere als ein sogenannter »Kommiß-Soldat«, der in exak-
ter Ausübung des Handwerks Genüge gefunden hätte. Er
sah vielmehr bei allem Interesse und Verständnis für die
Details praktischer soldatischer Ausbildung und Erziehung doch stets die geistige und ethische Seite seines Be-
rufes als entscheidend für die Qualität der Armee an.

Es war ja gewiß bei Kriegsausbruch 1914 ein gewagter
Versuch, den 32jährigen mit der Führung einer Armee,
der 5., zu betrauen, weil ihm nach seiner Vorbildung im
niederen und mittleren Frontdienst jede praktische Erfahrung in der Führung großer Truppenkörper fehlte. Der
damalige Generalstabschef der Armee, Generaloberst
von Moltke, kannte aber den Kronprinzen aus dessen vor-

angegangener sechsmonatiger Dienstleistung beim Großen Generalstab. Wir besitzen Moltkes Urteil, das er während der letzten Generalstabsreise wenige Monate vor
Kriegsausbruch in einem Privatbrief gefällt hat: »Es
macht mir Freude, den Kronprinzen in die Verhältnisse
unserer Grenzlande einzuführen. Er ist voller Interesse
bei der Sache. Es steckt viel gute Anlage in ihm, der junge
Most kann einmal guten Wein geben.« Ähnlich hat sich
General Ludendorff, der auch an dieser Generalstabsreise teilnahm, in seinen Erinnerungen über den Kronprinzen ausgesprochen: »Er widmete sich ernst und mit
Eifer seinen Aufgaben und zeigte gleichzeitig gutes mili-
tärisches Verständnis für große Lagen.«

Der Kronprinz hat das in ihn gesetzte Vertrauen gerechtfertigt. Dafür legen die Taten seiner Armee und später seiner Heeresgruppe Zeugnis ab. Gewiß fällt bei Be-
messung seiner Führungsleistungen ein wesentlicher
Verdienstanteil seinem vorzüglichen Generalstabe zu, an
dessen Spitze in der zweiten Hälfte des ersten Weltkrieges
eine so überragende Persönlichkeit wie Graf von der
Schulenburg stand. Immer aber trug doch der Kronprinz
selbst, wenn er den Vorschlägen seiner Ratgeber folgte,
als Oberbefehlshaber allein die Verantwortung. Einer seiner damaligen Generalstabsoffiziere hat darüber geschrieben: »Die jugendfrische Elastizität und Lebhaftig-
keit seiner Natur, die schnelle Auffassungsgabe, Urteilskraft und nicht zuletzt seine tiefe Kenntnis des menschlichen Herzens ließen ihn zu allen an ihn herantretenden
Fragen und Aufgaben innerlich selbständig Stellung nehmen, so daß die entscheidenden Entschlüsse und Befehle
des Armee-Oberkommandos nicht nur äußerlich mit seinem Namen verknüpft waren, sondern unter seiner täti-

gen Mitarbeit in der Geisteswerkstatt des Generalstabs zustande kamen.« Charakteristisch für seine Mitarbeit hieran ist ein Wort des Kronprinzen selbst in seinen Kriegserinnerungen: »Nach meiner ganzen Anlage war ich Optimist. Menschen, die von Natur auf das Wörtchen ›aber‹ eingstellt sind, waren mir von jeher unsympathisch. Sie dienen nach meiner Auffassung nur dazu, die Schaffenskraft und den Tatendrang anderer zu lähmen. Ich hütete mich aber sehr wohl, meinen Optimismus in Illusionismus ausarten zu lassen.«

Da, wie der Kronprinz selbst an anderer Stelle erzählt, die ruhige und feste Zügelführung seines Chefs das sichere und glatte Funktionieren des Befehls- und Meldeapparates am Sitz des Armeehauptquartiers verbürgte, so sah er einen wesentlichen Teil seiner eigenen Führungsaufgaben in der persönlichen Einwirkung auf die ihm unterstellten Truppen, in der Fühlungnahme und mündlichen Aussprache mit anderen Kommandobehörden. Der Kronprinz hat in dieser Beziehung nach dem übereinstimmenden Urteil zahlloser Feldzugsteilnehmer dank der ihm angeborenen Leutseligkeit und seiner Kunst der Menschenbehandlung vorbildlich gewirkt. Wie er selbst mit Erfolg bestrebt war, durch persönliches Erscheinen und Zuspruch die Gemüter seiner Untergebenen zu beleben und zu heben, überall frohe Gesichter zu schaffen, so stärkte er sich auch selbst innerlich im unmittelbaren Verkehr mit seinen geliebten Truppen.

Ich führe das Urteil von Oberst Bauer an: »Er war fast täglich vorn bei den Truppen. Ich sehe ihn noch, wie er bei einem Fliegerangriff allein stehenblieb, während die Truppe um ihn Deckung nehmen bzw. sich hinlegen mußte.« In der Tat hat sich der Kronprinz, ähnlich wie einst sein Großvater, der Sieger von Wörth und Sedan, bei aller Wahrung seiner fürstlichen Stellung durch die Gabe des »Fraternisierens« mit dem einfachen Soldaten und durch seine persönliche Unerschrockenheit in Augenblicken der Gefahr großer Liebe und Anhänglichkeit in der Fronttruppe erfreut, bis dann auch hier am Ende des Krieges infolge der systematischen Hetze und Verleumdung der revolutionären Propaganda die Stimmung mancherorts umschlug.

Ich kann und will natürlich nicht ein zusammenhängendes Bild der Führertätigkeit meines Mannes im Ersten Weltkriege geben. Nur auf einige mir wichtig erscheinende Punkte möchte ich kurz hinweisen. Als nach der verhängnisvollen Wendung, die die Marneschlacht auf dem deutschen rechten Heeresflügel am 9. September 1914 genommen hatte, Generaloberst von Moltke persönlich am 11. September auch dem Kronprinzen den Befehl zum Rückzug erteilte, bäumte sich dieser zunächst mit aller Kraft hiergegen auf, weil dadurch seine siegreiche Armee aus einer taktisch günstigen und erfolgversprechenden Lage gerissen wurde, die bei unbeirrtem Festhalten am bisherigen Ziel wahrscheinlich zur vollständigen Einschließung und zum baldigen Fall der Festung Verdun geführt hätte. Doch mußte er sich schließlich der Gehorsamspflicht des Soldaten beugen.

In einen ähnlich schweren seelischen Konflikt zwischen Gehorsamspflicht und eigener Überzeugung geriet der Kronprinz dann später noch einmal während des Angriffs auf Verdun im Frühjahr 1916. Nach dem hinter den Erwartungen zurückgebliebenen Ergebnis des ersten Einbruchs in die Nordostfront der Festung im Februar ließ ihn das zähe, verlustreiche und kräfteverzehrende

Ringen um jeden Fußbreit Boden im Gegensatz zum Generalstabschef des Feldheeres, General von Falkenhayn, und zu seinem eigenen Armeechef, General Schmidt von Knobelsdorf, frühzeitig die Überzeugung gewinnen, daß vor Verdun entscheidende Erfolge nicht mehr zu erringen seien und daß der Angriff eingestellt werden müsse. Er selbst hat darüber geschrieben: »Für mich bedeutete dieser Konflikt einen reichlich vollen Leidenskelch, den ich noch dazu nicht in einem Zuge leeren, sondern langsam bis zur Neige trinken mußte. Die Gehorsamspflicht des Soldaten behielt die Oberhand, bis sich für mich Mitte August aus der veränderten, weil offenkundig unsicher gewordenen Haltung des Generals von Falkenhayn gegenüber dem Verdun-Problem die Möglichkeit ergab, ohne Verletzung dieser Soldatenpflicht der eigenen Uberzeugung, der tiefgewurzelten Anschauung von der Nutzlosigkeit und Unzweckmäßigkeit des Verharrens in der bisherigen Angriffsidee nicht nur, wie schon so oft früher, Ausdruck zu geben, sondern auch Geltung zu verschaffen.« Es ist bekannt, daß der Kronprinz die Abberufung seines Generalstabschefs und bei der neuen Obersten Heeresleitung Hindenburg-Ludendorif den Befehl zur Einstellung des Angriffs auf Verdun durchgesetzt hat.

Als sich der Krieg entscheidungslos immer mehr in die Länge zog, als alle noch verfügbaren Kräfte immer stärker, schließlich restlos angespannt werden mußten, als die Ersatzquellen sich ständig verringerten und in der Heimat viele ungesunde Erscheinungen zutage traten, da stellten sich beim Kronprinzen und seinem neuen Chef, Graf Schulenburg, im Jahre 1917 ernste Sorgen und Bedenken hinsichtlich des Kriegsausgangs ein. Er hielt damit auch der Obersten Heeresleitung gegenüber keineswegs zurück. General Ludendorff selbst erzählt, daß ihm der Kronprinz im Laufe der Ereignisse oft mit Freimut und Besorgnis gesagt habe, er solle die Lage im Westen nicht überspannen. Seinem nüchternen Wirklichkeitssinn und seiner tiefen Einsicht in die politische Gesamtlage der Mittelmächte entsprangen auch die damals schon und dann in verstärktem Maße auch dem kaiserlichen Vater gegenüber mündlich und schriftlich zum Ausdruck gebrachten Mahnungen zur Anbahnung eines ehrenvollen Verständigungsfriedens. Seine Stimme wurde zwar gehört, aber man folgte ihr nicht.

Als Soldat und Heerführer freilich räumte der Kronprinz seinen politischen Sorgen und Zweifeln keinerlei Einfluß auf seine Truppenführung ein. Die Heeresgruppe Deutscher Kronprinz hat denn auch bis zum tragischen Ende des Krieges alle an sie gestellten riesenhaften Aufgaben in Abwehr und im Angriff glänzend gelöst. Und die Kriegsgeschichtsschreibung hat dem Führer dieser Heeresgruppe das Zeugnis nicht versagt, daß er sich vom ersten bis zum letzten Augenblick seiner heldenhaften Truppen würdig gezeigt hat.

Was meinen Mann innerlich am meisten mitgenommen hat, das sind die fünf Jahre seiner Verbannung nach dem ersten Weltkrieg gewesen. Obwohl er bei seiner Rückkehr 1923 erst einundvierzig Jahre alt war, hatte sein Haar schon einen grauen Schimmer bekommen. Seine seelische Enttäuschung, sosehr er sie auch zu verbergen wußte, erinnerte mich, ich erwähnte auch das schon, an die Niedergeschlagenheit des Kaisers nach der Bülow-Affäre.

Nach und nach ist mir denn auch bewußt geworden, was mein Mann in diesen fünf Jahren durchgemacht hat. Die wenigen Besuche in Wieringen, die mir die Reichsregierung erlaubte, hatten mir zwar schon einen kleinen und allgemeinen Einblick in die Beschränktheit seines Inseldaseins gegeben. Einzelheiten kannte ich jedoch nicht. Er verschwieg sie mir jedesmal; er wollte mir in den kurzen Stunden meiner Besuche das Herz nicht schwer machen.

Als ich ihn das erstemal besuchte, nahm ich übrigens meine beiden Jüngsten mit. Sie hatten den Vater am meisten entbehren müssen, ihn der Kriegsjahre wegen überhaupt kaum kennengelernt. Einen der älteren Söhne mitzunehmen, hielt ich nicht für ratsam: sie, deren Bewußtsein schon wacher war, sollten nicht sehen, in welch primitiven Verhältnissen ihr Vater zu leben gezwungen war.

Eins wurde mir nach der Rückkehr des Kronprinzen ganz klar bewußt: Der schwärzeste unter all den schwarzen Tagen war für ihn jener gewesen, an dem er seinen erzwungenen Abschied von seinen Armeen nahm. Am 11. November 1918 hatte er an seine Soldaten folgenden Abschiedsgruß gerichtet:

»Nachdem Seine Majestät der Kaiser den Oberbefehl niedergelegt hat, bin auch ich durch die Verhältnisse gezwungen, nun, da die Waffen ruhen, von der Führung meiner Heeresgruppe zurückzutreten. Wie immer bisher, so kann ich auch heute meinen tapferen Armeen, jedem einzelnen Mann, nur aus tiefstem Herzen danken für ihren Heldenmut, für die Opferfreudigkeit und Entsagung, mit der sie allen Gefahren ins Auge gesehen und alle Entbehrungen willig für' das Vaterland getragen haben, in guten und in bösen Tagen... Hunger und bittere Not haben uns bezwungen... Vier lange Jahre durfte ich mit meinen Armeen sein in Sieg und Not, vier lange Jahre gehörte ich mit ganzem vollem Herzen meinen treuen Truppen. Tief erschüttert scheide ich heute von ihnen und neige mich vor der gewaltigen Größe ihrer Taten... Nun steht zu euern Führern treu wie bisher, bis ihr Befehl euch freigeben kann für Weib und Kind, für Heimat und Herd. Gott mit euch und unserm deutschen Vaterlande!«

Es waren keine Phrasen. Er schrieb diese Worte, die für ihn den Abschied von seinem militärischen und politischen Leben bedeuteten, in einer einsamen, von inneren Kämpfen und Gewissensqualen erfüllten Stunde im Arbeitszimmer seines Hauptquartiers. Noch viele Jahre später, wenn mein Mann mir von jener bitteren, einsamen Stunde erzählte, spürte ich an ihm immer wieder die tiefste Ergriffenheit.

Es blieb ihm damals nur der Weg ins neutrale Ausland. Begleitet von seinen Adjutanten von Müldner, von Müller und Fritz von Zobeltitz, seinem Kammerdiener Wölk und seinem Fahrer Hofmann, fuhr der Kronprinz zur holländischen Grenze. Die beiden Wagen, auf die sie sich verteilt hatten, wurden an der Grenzübergangsstelle bei Maastricht von dem damaligen deutschen Vizekonsul empfangen. Dieser Vizekonsul von Maastricht war der spätere Ozeanflieger Baron v. Hünefeld. Von ihm wurden die Formalitäten mit der holländischen Behörde erledigt, und schon nach einer Stunde erschien ein holländischer Hauptmann, der im Auftrage seiner Regierung dem Kronprinzen den Degen abforderte. Nach acht Monaten ließ Königin Wilhelmine meinem Mann den Degen wieder zurückgeben.

Es folgten acht Tage des Wartens und der Unsicherheit. Mein Mann verbrachte sie mit seinen Begleitern in Roermond. Dann endlich wies ihm die holländische Regierung die kleine Insel Wieringen in der Zuidersee als Wohnsitz an. Die Zuweisung gerade dieser einsamen, verlassenen Insel geschah auf Veranlassung alliierter Mächte, und mein Mann spürte es deutlich: er sollte gedemütigt werden, in der trostlosen Abgeschiedenheit seines Exils langsam versauern. Und dieses Bewußtsein hat meinem Mann mehr zugesetzt als der Zwang der äußeren Verhältnisse.

Und doch: wie kraß war auch, um bei den äußeren Verhältnissen zu bleiben, der Übergang von seinem bisherigen Leben zu den Gewohnheiten der Inselbewohner. Zwar wurden ihm in der Wohnung des Pastors zwei Zimmer geräumt, aber die Möbel, die ihm die holländische Regierung zur Verfügung stellte, waren sehr primitiv und stammten aus Armeebeständen: ein eisernes Bett, ein Tisch, zwei Stühle, eine Waschschüssel und ein Spind. Das war alles. Erst ein Jahr später, als die Kaiserin meinem Mann einige Möbelstücke aus Doorn schickte, konnte die Wohnung etwas behaglicher eingerichtet werden.

»Kleiner Kaiser, hier ist es mir zu einsam!« Das waren die Wörte, die der stets zu Späßen aufgelegte Fritz von Zobeltitz beim Anblick der Insel ausrief. Dieser von Witzen und Späßen überfließende fröhliche Mann, der nie eine andere Anrede kannte als »Kleiner Kaiser«, war dem Kronprinzen ein lieber Freund geworden. Doch gerade er hielt es in Wieringen nur vierzehn Tage aus. Er kehrte zusammen mit von Müller nach Deutschland zurück.

Mein Mann konnte es nur zu gut verstehen, und doch war es ihm sehr schmerzlich. Er entbehrte jetzt ohnehin den ihm gewohnten Umgang mit Menschen; um so einsamer fühlte er sich nach dem Weggang des heiteren, lebenslustigen Fritz von Zobeltitz. Wie oft hat er seiner Worte gedenken müssen: „Kleiner Kaiser, hier ist es mir zu einsam!«

Von seinen letzten Lebensjahren abgesehen, in denen er die Einsamkeit förmlich gesucht hat, ist Geselligkeit meinem Manne stets ein echtes und starkes Bedürfnis gewesen. Daß er damals in Wieringen so rasch Zugang zu den Bewohnern der Insel fand, war ihm eine große Genugtuung. Anfänglich zwar hatte sich die Bevölkerung ihm gegenüber sehr reserviert, beinahe ablehnend verhalten. Sechs Wochen später schon war es völlig umgekehrt. Was ihm dabei, wie immer, geholfen hat, war seine offenherzige, leutselige Art und vor allem auch die Fähigkeit, sich fremden Lebensumständen rasch anzupassen.

Bald ging er in den Häusern seiner Nachbarn ein und aus, trug sogar die landesüblichen Holzschuhe, Klompjes genannt. Er versicherte mir später immer, daß er sich in den Holzschuhen wohl gefühlt habe. Zunächst war ihm zwar der Brauch der Holländer, die Holzschuhe vor dem Betreten eines Hauses an der Schwelle abzustreifen und in Strümpfen die Stuben zu betreten, unvertraut gewesen, bis ihn dann eines Tages eine Fischersfrau eines Besseren belehrte: »Wenn Sie auch Hoheit sind, aber die Klompjes müssen Sie draußen lassen!«

Daß er sich an Holzschuhe gewöhnte, war nun keineswegs nur eine spielerische Geste meines Mannes. Mit seiner Garderobe war es damals tatsächlich ziemlich schlecht bestellt; er war ja in seiner Uniform nach Holland gekommen. Erst als er sich durch das deutsche Konsulat in Amsterdam einen Zivilanzug aus Potsdam kommen ließ, konnte er die Uniform ablegen. Und lange Zeit ist dieser Anzug das einzige Kleidungsstück gewesen, das er dort besaß.

Sein erster Freund in Wieringen war der Bürgermeister Peereboom. Durch ihn und in seinem Hause lernte mein Mann nach und nach auch die andern Familien kennen. Die Insel wurde hauptsächlich von Fischern und kleinen Bauern bewohnt. Aber es gab auch einen Dorfschmied mit Namen Luijt, und dieser Mann wurde mit der Zeit des Kronprinzen bester Freund.

Das hatte einen ganz einfachen Grund: Mein Mann liebte es sehr, sich körperlich zu betätigen, und mehr noch: dort in Wieringen, wo er zur Untätigkeit verdammt war, war es ihm geradezu ein Bedürfnis. Wie jeder Hohenzollernprinz hatte auch er einmal ein Handwerk erlernt: das Drechseln. Er berief sich immer mit Stolz darauf, daß er in diesem Handwerk die Gesellen-Prüfung abgelegt hatte. Und wahrhaftig, wenn er einmal in seiner Werkstatt beim Drechseln war, konnte er alles andere, vor allem die Zeit, vergessen. Es ist vorgekommen, daß er, der sonst die Pünktlichkeit in Person war, seine Gäste warten ließ, um irgendein Stück seiner Handwerkskunst zu vollenden.

Nun, einen Drechsler gab es in Wieringen nicht. Aber es gab den Dorschmied Luijt, und der wurde meines Mannes Lehrmeister und bald auch engster Arbeitskamerad. Fortan stand der Kronprinz jeden Morgen einige Stunden in der Schmiede vor Amboß und Esse.

Es dauerte nicht lange, bis es ihm gelang, eigenhändig ein Hufeisen zu schmieden. Ich will nicht behaupten, daß es ein Meisterstück gewesen ist, aber dieses erste Erzeugnis, das aus reinem Betätigungsdrang entstanden war, hatte unvorhergesehene Folgen. Damals nämlich wurde die Insel von einigen Amerikanern besucht. Sie sahen das Hufeisen, und als passionierte Andenkenjäger fragten Sie, ob es käuflich sei. Der Kronprinz wehrte zunächst lächelnd ab. Doch dann kam ihm ein Gedanke: wenn er eine laufende Herstellung solcher Hufeisen begann, konnte er ihren Erlös der Wieringer Armenkasse zufließen lassen und sich auf diese Weise der Bevölkerung, die ihn so herzlich aufgenommen hatte, erkenntlich erweisen.

Und so geschah es. Die Hufeisen, die er von nun an herstellte, trugen als Prägung sein Initial, ein großes »W«. Sie wurden das Stück zu zehn Gulden verkauft: die Hälfte dieses Betrages erhielt der Schmied, die andere Hälfte fiel der Armenkasse zu.

Der Absatz der Hufeisen nahm mit der Zeit derartige Formen an, daß mein Mann ihre Herstellung in solchem Umfang nicht mehr bewältigen konnte. Der findige Schmied entdeckte einen Ausweg: er stellte sich nun nachts heimlich in seine Werkstatt, um mit seiner Hand die Lücken der kronprinzlichen Fabrikation zu schließen. Mein Mann erfuhr davon erst nach geraumer Zeit, ohne seinem Freunde darum gram zu sein. Er hatte schließlich einen guten Grund, ein Auge zuzudrücken: die Hauptsa-

DER KRONPRINZ ARBEITET IN DER SCHMIEDE IN WIERINGEN, 1920

che war, daß von jedem verkauften Hufeisen fünf Gulden an die Armenkasse abgeführt worden waren.

In den ersten Jahren seiner Verbannung lag es dem Kronprinzen durchaus fern, an eine Flucht von der Insel Wieringen zu denken. Einmal bot ihm ein holländischer Großkaufmann seine Motorjacht an, die er für eine lange Fahrt ausgerüstet und verproviantiert hatte und meinem Manne für eine Flucht zur Verfügung stellte. Doch der Kronprinz lehnte das großzügige Angebot ab. Dennoch wurden ihm immer wieder Fluchtgedanken untergeschoben. Deshalb unterlag er in Wieringen ständiger Kontrolle. Hin und wieder kreuzte sogar ein Polizeiboot vor der Insel, um dem Verbannten vor Augen zu führen, daß er überwacht werde. Natürlich wurden auch alle seine Besucher mit dem gleichen Argwohn betrachtet.

Die Besorgnis der holländischen Behörden zeigte sich am deutlichsten nach dem Kapp-Putsch. Am Tage nach diesem Aufstand erschien Fritz von Zobeltitz zu Besuch in Wieringen. Als er dort ankam, wußte er nicht das geringste von den Geschehnissen im Reich; die erste Nachricht teilte ihm der Kronprinz mit.

Dennoch brachten die Holländer den Besuch von Zobeltitz auf der Insel mit den Ereignissen in Zusammenhang: man vermutete in ihm den Verbindungsmann zwischen den Aufständischen und dem Kronprinzen. Die Holländer nahmen sogar an, es werde ein Flugzeug auf der Insel landen und den Kronprinzen nach Deutschland holen. Infolgedessen wurden die Überwachungsmaßnahmen verstärkt. Ein Torpedoboot fuhr so nahe an die Insel heran, daß von seiner Kommandobrücke aus die Wohnung meines Mannes ständig eingesehen werden konnte.

Plötzlich erschien tatsächlich ein Flugzeug am Himmel. Angesichts der gespannten Atmosphäre ist es wohl leicht, sich die Aufregung der Holländer vorzustellen. Das Torpedoboot eröffnete sofort das Abwehrfeuer. Das Flugzeug wurde getroffen und stürzte ab. Doch es war gar kein deutsches Flugzeug. Man hatte ein holländisches abgeschossen.

Die Widersinnigkeit dieses traurigen Vorfalls nahm der Kronprinz zum Anlaß, sich grundsätzlich über die Bewachungsmaßnahmen zu beschweren. Die Folge war, daß das Torpedoboot verschwand und sich fortan nicht mehr blicken ließ.

Aber widersinnig erschien meinem Manne nicht allein dieser Vorfall; widersinnig erschien ihm seine ganze Verbannung. In Eingaben, die er an die verschiedenen Siegermächte richtete, hatte er sich ihnen von Anfang an freiwillig zur Verfügung gestellt. Er hatte darum gebeten, in seiner Person die Verantwortung für die andern der »Kriegsverbrechen« beschuldigten deutschen Offiziere übernehmen und sich vor einem internationalen Gerichtshof rechtfertigen zu können. Er hat auf alle diese Eingaben niemals eine Antwort erhalten.

Aber Schweigen ist schließlich auch eine Antwort. Mein Mann deutete es als die Absicht, seine Verbannung endlos auszudehnen und ihn selbst auf dieser verlassenen, trostlosen Insel langsam verderben zu lassen. In der Einsamkeit, die von Jahr zu Jahr mehr an ihm zehrte, erkannte er jedenfalls eins: seine Hoffnung auf eine rechtliche und ordnungsgemäße Heimkehr schwand immer mehr. Wenn er nicht wirklich auf der Insel verderben wollte, dann mußte er sich selber helfen, dann mußte er von sich aus einen Weg finden, die Verbannung

KRONPRINZ WILHELM AUF DER DEICHMAUER VON WIERINGEN, 1922

zu beschließen. Und erst jetzt, im vierten Jahre seines Aufenthalts in Wieringen, begann er sich mit Fluchtgedanken zu beschäftigen.

Er vertraute sich einem Fischer an. Der war auch bereit, dem Kronprinzen bei der geplanten Flucht behilflich zu sein. Er machte von sich aus einen Vorschlag, über dessen Abenteuerlichkeit sich mein Mann wohl nur deshalb keine Gedanken machte, weil er zu sehr von dem Verlangen besessen war, die Insel, ganz gleich auf welche Weise, zu verlassen. Korta meinte: Der Kronprinz solle sich eine Jacht kaufen, die er, der Fischer, führen und, um den Kauf zu tarnen, auf seinen Namen eintragen lassen wolle. Mein Mann sollte dann in der Verkleidung eines Fischers die Fahrt antreten.

In seiner Vertrauensseligkeit kam mein Mann nicht auf den Gedanken, dem Fischer zu mißtrauen. Es war in ihren vertraulichen Gesprächen nicht einmal von einem festen Ziel gesprochen worden; mein Mann war nur von einem einzigen Wunsch beseelt: Weg von der Insel, weg aus Holland. Also wurde die Jacht gekauft. Sie lag bereits im Hafen der Insel. Mein Mann schaffte mit Kortas Hilfe seine notwendigsten Kleidungsstücke an Bord: Pullover, Fischeranzug, warme Wäsche. Und die Fahrt hätte nun losgehen können.

Aber sie ging niemals los. Plötzlich nämlich entsann sich der Fischer nicht mehr darauf, wie der Kauf der Jacht, als deren Eigentümer er sich jetzt ausgab, zustande gekommen war. Der Kronprinz schöpfte endlich Verdacht. Als er den Fischer zur Rede stellte, erhielt er von ihm die unverblümte Antwort: »Hoheit, was wollen Sie denn? Das Boot ist ja auf meinen Namen eingetragen. Wenn Sie etwas unternehmen, kommt Ihr Fluchtplan heraus.«

Die Gutgläubigkeit des Kronprinzen ist nicht nur dieses eine Mal mißbraucht worden. Er hat in seinem Leben viele menschliche Enttäuschungen erfahren. Kein Wunder, daß er schließhch menschenscheu wurde und in der letzten Zeit überhaupt niemand mehr sehen wollte.

Fünf lange Jahre waren verflossen, und noch immer zeigte sich für meinen Mann keinerlei Aussicht, auf rechtmäßigem Wege aus der Verbannung entlassen zu werden und nach Deutschland heimzukehren. In seiner Not wandte er sich schließlich an den damaligen Reichspräsidenten Friedrich Ebert. Um Ebert seinen Wunsch in aller Form vorzutragen, schickte mein Mann seinen Adjutanten von Müldner nach Berlin. Eberts erstes Wort war die Frage nach meines Mannes Ergehen. Vor allem erkundigte er sich eingehend nach den Lebensumständen auf der einsamen Insel. Im Gespräch bot er von Müldner eine Zigarre an, und als dieser ablehnte, legte auch Ebert seine bereits angezündete Zigarre beiseite. Auf Müldner machte dieser kleine aufmerksame Zug einen so großen Eindruck, daß er nachher meinem Mann davon erzählte. »Mich wunderte es nicht«, sagte ihm der Kronprinz, »Ebert besitzt einen angeborenen Takt.«

Der Reichspräsident zeigte sofort ein offenes Verständnis für den Wunsch meines Mannes. Er sagte zu Müldner:»Selbstverständlich ist der Kronprinz deutscher Staatsbürger, und ich fühle mich für das Wohl und Wehe eines jeden deutschen Staatsbürgers verantwortlich. Ich habe nichts gegen seine Rückkehr. Nur habe ich einen Wunsch: daß keinerlei Aufsehen erregt wird. Der Eintritt in Deutschland ist ihm nicht verwehrt. Wie er dagegen aus Holland herauskommt, ist seine Sache.«

Gewiß, das war seine Sache, und ganz einfach war sie nicht. Die Abreise mußte in aller Heimlichkeit vorbereitet werden. Mein Mann beschaffte sich einen Paß, der auf den Namen »Graf von Geldern« lautete, übrigens ein Titel, der ihm als Hohenzoller durchaus zustand. Sodann wurden bei den Dürkoppwerken zwei Wagen bestellt, die am frühen Morgen des Fluchttages am Ufer der Zuidersee bereitstehen sollten.

Die Wagen waren pünktlich zur Stelle. Es war Anfang November 1923. Es galt noch, der Wieringer Bevölkerung gegenüber die Abreise zu motivieren. Und ein Vorwand war bald gefunden: Besuch bei dem damals kränklichen Kaiser in Doorn. Das war für die Wieringer nichts Ungewöhnliches, denn mein Mann hatte den Kaiser während seiner Krankheit schon mehrmals besucht.

Aber nicht nur die Holländer mußten im unklaren gelassen werden. Auch dem Kaiser gegenüber wurde die Abreise geheimgehalten. Denn der Kaiser, der damals im stillen selber an eine Rückkehr nach Deutschland dachte, stand einer Flucht des Kronprinzen sehr ablehnend gegenüber. Als er wenige Stunden nach meines Mannes geglücktem Grenzübertritt den Abschiedsbrief seines Sohnes erhielt, brach er in Zorn aus und rief: »Wenn einer von uns beiden zurückkehrt, müßte ich ja wohl der erste sein!«

Die Grenze wurde bei Bentheim überschritten. Mein Mann blieb im Wagen sitzen, tief in seinen Mantel gehüllt, die Mütze ins Gesicht gezogen, die Autobrille vor den Augen. In dieser Vermummung ist er von niemand erkannt worden. Die Pässe wurden anstandslos abgestempelt. Am Steuer der beiden Wagen saßen die Fahrer der Dürkoppwerke. Sie hatten nicht gewußt, wen sie am Ufer der Zuidersee hatten abholen sollen; und als sie den Kronprinzen erkannten, hatten sie immer noch keine Ahnung, wohin die Reise gehen sollte.

Ein alter Freund meines Mannes, von Selasinski, war der erste, der ihn auf deutschem Boden begrüßte. In seiner Begleitung befand sich noch ein anderer alter Bekannter, der Berliner Kriminalrat Klein, genannt Morchel, der auch während des Krieges schon ständig zur Umgebung des Kronprinzen gehört hatte.

Dann begann die dreitägige Fahrt nach Schloß Oels in Schlesien. Sie verlief leider nicht ohne Zwischenfall: In der Nähe eines kleinen sächsischen Ortes verunglückte der zweite Wagen in einer Kurve. Der Kriminalrat erlitt einen Beckenbruch, der Fahrer einen Armbruch, und der Kammerdiener flog acht Meter weit in den Wald hinein und blieb mit einer leichten Gehirnerschütterung liegen. Die beiden ersteren mußten ins Krankenhaus gebracht werden. Die übrigen setzten in dem einen Wagen die Fahrt fort.

Am dritten Tage gegen Abend traf der Wagen in Oels ein. Die Rückkehr des Kronprinzen hatte sich rasch herumgesprochen. Als der Wagen ankam, waren über hundert Journalisten und Fotografen auf dem Schloßgelände versammelt. Da der Kronprinz jedoch von der Fahrt zu sehr erschöpft und es zum Fotografieren auch schon zu dunkel geworden war, vertröstete er die Presseleute auf den nächsten Tag. Dann hat er ihnen in der offensten Weise Rede und Antwort gestanden.

Ich glaube, außer dem Reichspräsidenten Ebert und seinem Außenminister Stresemann war ich der einzige Mensch in Deutschland, der von Anfang an über den Fluchtplan unterrichtet war. So hatte ich in aller Stille Vorbereitungen für den Empfang meines Mannes treffen können. Als endlich der Tag seiner Heimkehr gekommen

KRONPRINZ WILHELM VOR EINER AUTOTOUR, 1930

war, schickte ich einen Beobachter in den Schloßturm hinauf. Er sollte mir sofort Nachricht geben, wenn ein schmutzbedeckter Wagen in Sicht komme.

Gegen sechs Uhr abends kam der Beobachter ganz aufgeregt vom Turm herunter: »Nach Oels ist ein Wagen eingebogen. Ich glaube, er ist es!« Ich rief meine Kinder und die Dienerschaft zusammen, und wir alle stellten uns auf die Freitreppe. In der erwartungsvollen Stille wurde kein Wort gesprochen. Plötzlich rief jemand: »Er ist es! Er ist es!« Ein über und über beschmutzter Wagen fuhr auf die Freitreppe zu. Sein Geräusch wurde übertönt vom Jubel der Kinder, vom Gewirr der aufgeregten Stimmen, von Schluchzern der Freude.

Dann lagen wir uns in den Armen.

Mein Blick fiel auf den völlig verschmutzten Wagen. Meinem Glück noch mißtrauend, kam mir plötzlich die Vorstellung, es sei nicht alles so glatt gegangen. Ich fragte besorgt:

»Du bist doch unterwegs nicht angehalten worden?« »O doch«, sagte mein Mann mit einem verschmitzten Lächeln. Er deutete auf die nicht mehr erkennbaren Nummernschilder: »Wegen der schmutzigen Schilder da!«

Er strahlte dabei wie ein Junge. Jetzt wußte ich: er war noch der alte, trotz allem.

Zwei Tage waren seit meines Mannes Rückkehr von Wieringen nach Oels vergangen, da hörte ich – es war am späten Nachmittag – aus dem Bibliothekzimmer Geigenmusik herüberklingen. Ich lauschte: kein Zweifel, der Geigenspieler war mein Mann. Ich erkannte es am warmen Ton seines Instruments, jener ihm so kostbaren Amati-Geige, die einst Friedrich der Große gespielt und besessen hatte.

Wie lange hatte ich doch den Ton dieses herrlichen Instruments nicht mehr gehört! Und doch war es mir beim Anhören der Musik, als seien durch sie die langen neun Jahre unserer Trennung zur Unwirklichkeit geworden. Dies wenigstens war genau wie früher: mein Mann musizierte wieder. Ich mußte plötzlich daran denken, wie glücklich ihn immer der Besitz dieser Geige gemacht hatte. Seit Friedrichs des Großen Tod war sie nicht mehr angerührt worden, denn bis auf meinen Mann war keiner der Nachfahren des großen Königs der Musik zugetan gewesen. Das Instrument hatte als historisches Schaustück im Museum der Hohenzollernfamilie einen stillen Platz gefunden. Und dort entdeckte es mein Mann eines Tages. Ihn begeisterten sofort die schöne Form und die gediegene alte Arbeit. Er nahm die Geige in die Hand, strich über die Saiten und war von dem edlen Klang so fasziniert, daß er sie mit nach Hause nahm.

Fortan gehörte die Geige zu seinem ständigen Gepäck; auch ins Feld und selbst auf weite Reisen begleitete sie ihn. Viele schöne Erinnerungen verbanden ihn zudem mit seiner Geige. Ich denke zum Beispiel an seine Reise nach Konstantinopel, das er im Anschluß an seine Stu-

dienzeit zusammen mit seinem Bruder Prinz Eitel Friedrich besuchte. Der musikliebende Sultan Abdul Hamid,
der die beiden Brüder zu einem intimen Diner eingeladen
hatte, bat meinen Mann, seine Geige mitzubringen und zu
musizieren. Und so spielte er dann, vom Lieblingssohn
des Sultans am Klavier begleitet, ein Stück aus »Cavalleria
rusticana« und die »Träumerei« von Schumann. Schließlich trug er noch, zur Überraschung des Sultans, die türkische Nationalhymne vor, die er vorher einstudiert hatte.
Der Sultan umarmte ihn voller Rührung und heftete ihm
einen Orden an die Brust.

Allerdings musizierte der Kronprinz am liebsten,
wenn er sich ganz unbeobachtet fühlte. Da ich das wußte,
blieb ich an jenem Nachmittag lauschend vor der Tür des
Bibliothekzimmers stehen. Dann öffnete ich sie, so leise
ich konnte. Jetzt sah ich ihn: er wanderte, während er
spielte, im Zimmer umher, eine alte Gewohnheit von
ihm. Hin und wieder blieb er vor den bis zur Decke voll-
gepackten Bücherregalen stehen und musterte sie. Was
er fühlte, konnte ich sehr wohl nachempfinden: er nahm
wieder von einer Welt Besitz, die er immer sehr geliebt
hat. »Bücher«, pflegte er zu sagen, »sind meine besten
Freunde. Sie wollen nichts von mir, darin sind sie anders
als die Menschen. Sie haben mich auch nie betrogen.«

Hier in der Bibliothek, die viele Tausend wertvoller
und kostbarer Bände enthielt, kannte mein Mann nicht
nur jedes Buch, sondern auch den Platz eines jeden Bu-
ches. Er konnte sehr ungehalten werden, wenn jemand
ein Buch aus den Regalen nahm und es nicht wieder an
seinen alten Platz zurückstellte. Er hatte den Standort
seiner Bücher so genau im Kopf, daß er, wenn er einmal
seinen Kammerdiener um ein Buch in die Bibliothek

schickte, ihm aufs präziseste die entsprechende Stelle bezeichnete.

Ich erwähne diese Äußerlichkeit, um anzudeuten, wie sehr die Bücher meinem Manne zum inneren Besitz geworden waren. Er war, das darf ich ohne Übertreibung sagen, außerordentlich belesen. Es verging für ihn kein Tag ohne Buch. Regnete es draußen, so konnte er sogar den ganzen Tag ununterbrochen mit einem Buch verbringen. Wenn ich sagen müßte, welche Lektüre ihn am meisten angezogen hat, so wüßte ich nicht, womit ich beginnen sollte, denn es war ja gerade die Vielseitigkeit seiner Interessen, die ihn so lesewütig machte. Besonders gefesselt hat ihn die moderne Literatur, vor allem die englische und amerikanische. Mit Klassikern wußte er nicht viel anzufangen, dafür um so mehr mit kulturphilosophischen, historischen und kriegswissenschaftlichen Werken.

Jetzt endlich sah er mich. Er unterbrach sein Spiel und blickte mich beinahe verlegen an, so als fühle er sich über einer seiner geheimsten Regungen ertappt. Doch sogleich breitete sich auf seinem Gesicht eine von innen kommende Gelöstheit aus: strahlend setzte er den Bogen wieder an und spielte mir einen fröhlichen Schlager vor. Großzügig wie im Leben war er auch in der Musik: auf eine Note mehr oder weniger kam es ihm nicht an. Es machte mich glücklich, ihn so heiter und ausgelassen zu sehen; ich wußte nun: er fühlte sich ganz wieder daheim.

Wie so vieles andere ist auch die Amati-Geige, die einst der Alte Fritz besessen hat, verlorengegangen. Mein Mann hatte sie gegen Ende des letzten Krieges nach Westdeutschland bringen und in einem kleinen Ort des Rheinlandes aufbewahren lassen. Und von dort ist sie in den letzten Kriegstagen spurlos verschwunden. Hat sie vielleicht ein Andenkenjäger mit nach Übersee genommen?

Der Verlust war meinem Manne außerordentlich schmerzlich. Von der Kostbarkeit abgesehen, besaß dieses Instrument für ihn einen hohen immateriellen Wert allein schon durch die Erinnerungen, die mit ihm verbunden waren. Wie sehr war die Geige von Fritz Kreisler, wenn er bei uns zu Gast war, bewundert worden! Und wie häufig hatte mein Mann in unsern Hauskonzerten, wenn Wilhelm Backhaus oder Elly Ney oder Professor Kemp musizierten, den Violinpart auf dieser Geige gespielt.

Ja, schon damals in Langfuhr, als der Kronprinz Kommandeur des 1. Leibhusarenregiments war, nahm er gelegentlich mit seiner Geige an Konzerten teil, deren besondere Umstände allerdings den auf Etikette bedachten Adjutanten ein Dorn im Auge waren. Wenn wir nämlich in unserm Hause eine größere Gesellschaft gaben, bestellte mein Mann gewöhnlich die Regimentskapelle. Nicht selten sahen dann nach Beendigung eines Musikstückes die überraschten Gäste den Kronprinzen in der Kapelle auftauchen: er hatte sich mit seinem Instrument hinter den letzten Geiger gesetzt.

Überhaupt fand er, wie ich schon mehrmals erwähnt habe, sein heimliches Vergnügen darin, die traditionellen Formen zu durchbrechen. Mir fällt hier, da ich gerade von Langfuhr berichte, noch ein anderes Ereignis ein, mit dem mein Mann sich in seiner spontanen Art ganz einfach über die Tradition hinwegsetzte, über eine Tradition der Armee sogar.

Er wußte, wie sehr mir die Balalaikamusik gefiel. Dieses eigenartige Instrument mit dem dreieckigen Schallkasten war mir von Rußland her vertraut, und ich selbst spielte auch gern auf ihm. Um mir nun eine besondere Freude zu bereiten, ließ mein Mann, ganz heimlich und ohne mein Wissen natürlich, die ganze Regimentskapelle das Balalaikaspiel erlernen. Zunächst schickte er den Kapellmeister zur Ausbildung nach Rußland. Dieser, ein sehr begabter Musiker, brachte es in wenigen Wochen zur völligen Beherrschung des fremden Instruments. Als er nach Langfuhr zurückkehrte, befanden sich in seinem Gepäck auch die Instrumente für sämtliche Musiker der Regimentskapelle. In den nächsten Wochen gab es ein fleißiges Üben. Ebenfalls heimlich, wie sich versteht. Später erfuhr ich, daß mein Mann die Musiker immerfort zur Eile gedrängt hat: »Na, Kinder, wie weit seid ihr? Wann kann ich das meiner Frau vorführen?«

Dieser Tag kam endlich. Wir hatten einen großen Gesellschaftsabend bei uns, und auch die Regimentskapelle war zum Musizieren angetreten. Nichts verriet noch die kommende Überraschung; die Kapelle spielte, wie immer, auf ihren gewohnten Instrumenten. Doch in der Pause, während der wir in den Nebenräumen einen Imbiß einnahmen, hörten wir plötzlich die sehr leise ansetzende, etwas wehmütig klingende Balalaikamusik. Es war das Wolgalied, das gespielt wurde. Wir liefen ins Musikzimmer zurück, und was sich unseren Blicken dort darbot, war in der Tat ein ungewöhnliches Bild: die ganze Kapelle des 1. Leibhusarenregiments war mit Balalaikainstrumenten ausgerüstet. Es läßt sich denken, wie verblüfft unsere Gäste waren. Am wenigsten verblüfft war wohl ich; ich wußte sofort, daß die Überraschung mir zugedacht war. Mir kamen die Tränen in die Augen. Mein Mann, übers ganze Gesicht strahlend, trat auf mich zu: »Na, meine Liebe, wie habe ich das mal wieder gemacht?«

Ich vermochte ihm nicht anders zu danken, als nun selbst eine Balalaika in die Hand zu nehmen und beim nächsten Musikstück mitzuspielen.

Ich weiß nicht, ob dieses für den Kronprinzen so typische Husarenstück die Kapellen anderer Regimenter neidisch gemacht hat, denkbar wäre es. Nachgeahmt wurde es jedenfalls nicht, durfte es wohl auch nicht. Die Balalaikainstrumente wurden später den Musikern als persönliches Geschenk übergeben.

Nach Oels zurückgekehrt, fand der Kronprinz eine Menge Arbeit vor. Es waren ja nicht allein die zehn Jahre Krieg und Verbannung, die ihn davon ferngehalten hatten, sich um seine Güter zu kümmern, sondern auch die langen Jahre vorher, die er Dienst in der Armee getan hatte. Es lag in Oels mancherlei im argen. Es gab Waldstücke, in denen seit hundert Jahren keine Axt mehr geklungen hatte, und Feld- und Milchwirtschaft bedurften der Modernisierung.

Schloß Oels ist eines der berühmtesten Renaissanceschlösser in Deutschland und erhielt seine jetzige Gestalt in der Zeit zwischen 1558 und 1603. Vorher war es eine Wasserburg, die von den schlesischen Herzögen um das Jahr 1200 erbaut wurde. In seiner Architektur, besonders in der Gestaltung des Innenhofs, erinnert es an das Heidelberger Schloß. Mit seinen fünfzehn Gütern und den mehr als 36 000 Morgen Land und Wald kam es im Jahre 1884 in den Besitz der Hohenzollernfamilie und wurde dem jeweiligen Kronprinzen übertragen. Für mich verbindet sich mit Oels die Erinnerung an unser stilles, schönes Familienleben. Ich hatte es immer lieber gewonnen, ja es war mir zur echten Heimat geworden, und hätten die

Ereignisse einen andern Lauf genommen, würde Oels heute mein Witwensitz sein.

Damals, nach seiner Rückkehr, fuhr mein Mann in einem alten Gefährt, ähnlich dem eines Landarztes aus alter Zeit, jeden Morgen hinaus in Wald und Feld. Er nahm auf diesen Fahrten den jeweiligen Gutsverwalter mit, um sich von ihm über alle Einzelheiten unterrichten zu lassen. Auf den Feldern wurden damals hauptsächlich Weizen, Kartoffeln und Zuckerrüben angebaut. Wiewohl mein Mann keineswegs davon begeistert war, Landwirt sein zu müssen, lag ihm doch sehr daran, die Güter durch wirtschaftliche Verbesserungen den allgemeinen Fortschritten in der Landwirtschaft anzugleichen. Er griff jede Anregung mit dem größten Interesse auf und setzte manche in die Tat um. So errichtete er eine Anlage zur Herstellung von Kartoffelmehl, legte auf einem der Güter Karpfenteiche an, modernisierte die Stallungen. Vor allem sorgte er dafür, daß die Kuhställe besseres Licht bekamen; der Erfolg blieb dann auch nicht aus, der Milchertrag stieg merklich an.

Eins jedoch bereitete meinem Mann den größten Kummer: der schlechte Pferdebestand auf seinen Gütern. Gerade er, der ein so großer Freund, ja ausgezeichneter Kenner von Pferden war, mußte diese Tatsache bedauern. Hier griff er denn auch rasch und energisch ein: er ließ Zuchtpferde aus Trakehnen kommen. Für die Trakehner hatte er schon immer eine große Vorliebe gehabt; er begeisterte sich an ihrer edlen Form und bewunderte ihre Vielseitigkeit. Sie waren als Reittiere wie auch als Arbeitstiere gleichermaßen hervorragend, ja unübertrefflich. Dabei waren sie, verglichen mit andern Pferden, anspruchslos und ausdauernd. Auch ich, das darf ich wohl sagen, liebte diese edle Rasse.

Für die Aufzucht eignete sich vortrefflich das Vorwerk Klein-Ellgut. Ställe und Koppel lagen unmittelbar nebeneinander. Es verging kein Tag, an dem mein Mann nicht draußen war und sich an dem schönen Bild erfreute. Nach drei Jahren konnte er die ersten jungen Pferde als Remonten an die damalige Reichswehr liefern. In den folgenden Jahren war die Reichswehr überhaupt der Hauptabnehmer. Natürlich zog mein Mann, der den Reitsport so sehr liebte, auch für sich selbst zwei prächtige Reitpferde auf.

Viele Remonten hat er selbst eingeritten. Jeder, der etwas davon versteht, wird wissen, wie schwer das ist. In der Armee waren es immer nur die besten Reiter, die in der Lage waren, Remonten einzureiten. Aber, wie gesagt, mein Mann liebte das Reiten, ja es war seine größte Passion. Seine Begeisterung ging so weit, daß er einmal, trotz ausdrücklichen kaiserlichen Verbots, ein öffentliches Rennen im Berlin-Potsdamer Reiterverein mitritt. Hinterher gab es natürlich eine heftige Auseinandersetzung mit dem Kaiser. Als mein Mann seinen Vater schließlich davon überzeugt hatte, daß er nur aus ehrlicher Sportbegeisterung an dem Rennen teilgenommen hatte, fragte der Kaiser ärgerlich:

»Hast du wenigstens gewonnen?«

»Leider nein«, mußte der Kronprinz der Wahrheit gemäß sagen, »Graf Kömgsmarck hat mich um einen Kopf geschlagen.«

Der Kaiser schlug wütend auf den Tisch:

»Zu dumm - und nun mach, daß du rauskommst!«

Ich sehe noch deutlich meines Mannes abwehrende Geste, höre noch den ironischen Ton seiner Stimme, wenn einmal das Wort »höfischer Stil« fiel. Er distanzierte sich von allen Formen, die ihm lebensfremd und leer erschienen. Er verstand es auch nicht, daß der Kaiser noch in Doorn gewissermaßen weiter Hof hielt und sein Leben und das seiner Umgebung strengen Regeln unterwarf.

Ich muß sagen, daß ich diese Auffassung meines Mannes nicht in allem habe teilen können. Ich habe mich in Doorn immer sehr wohl gefühlt und in der strengen Regel ein heilsames Prinzip der Ordnung empfunden. Aber mein Mann liebte zu sehr die Freiheit und Ungebundenheit; und wenn er auch in seinem eigenen Leben auf Pünktlichkeit hielt, so sah er doch in der strengen Tageseinteilung ein Zuviel des Guten.

Tatsächlich verlief das Leben in Haus Doorn haargenau nach der Uhr. Um sieben Uhr früh wurde aufgestanden. Der Kaiser nahm eine Tasse Tee und Keks und machte danach mit seinen Adjutanten oder einem seiner Besucher einen Spaziergang durch den Park. Der Spaziergang dauerte genau drei viertel Stunden und endete regelmäßig am Schloßeingang in der Nähe der das Schloß umgebenden Gracht. Hier stand ein Korb mit Brotabfällen bereit, mit denen der Kaiser die Wildenten zu füttern pflegte. Sobald er an der Tür erschien, kamen denn auch die Wildenten von allen Seiten herangeflogen, sofern sie sich nicht schon erwartungsvoll niedergelassen hatten. Mir widerfuhr einmal das Mißgeschick, daß ich gerade vor Beginn der Fütterung hinzukam und durch das Öffnen meines Schirms die Wildenten verjagte. Der Kaiser, der mich sonst stets verwöhnte, war darüber so ungehalten, daß ich fast erschrak. Ich hatte eben die tägliche Regel gestört.

Ins Schloß zurückgekehrt, fand der Kaiser bereits in der großen Halle alle Hausinsassen, die Gäste eingeschlossen, für die Morgenandacht versammelt. Diese Hausandacht, die der Kaiser stets selbst abhielt, fand jeden Tag statt. Ehe er jedoch sein Katheder betrat, warf er einen prüfenden Blick in die Runde, um sich zu vergewissern, daß auch alle anwesend waren. Eines Tages vermißte er den Koch und ließ ihn rufen. Der Koch entschuldigte sich damit, daß er mit den Frühstücksvorbereitungen noch nicht fertig sei. »Das ist keine Entschuldigung«, sagte der Kaiser, »wenn das Frühstück nicht fertig ist, müssen eben meine Gäste und ich warten.«

An Sonntagen hielt der Kaiser während der Andacht selber die Predigt, bei der er sich meist an Predigtvorlagen von Domprediger Döring anlehnte. Ein Besucher von Haus Doorn äußerte einmal, was er als stärksten Eindruck mit nach Hause nehme, sei des Kaisers Sonntagspredigt. In der Tat war der Kaiser, was auch Theologen anerkannten, ein sehr guter Prediger. Seine Predigten hatten einen tiefen religiösen und sittlichen Gehalt. Manchmal konnte er auch in seiner Predigt kleine Anspielungen auf den einen oder anderen der Anwesenden machen. So entsinne ich mich, daß er einmal mit einem Seitenblick auf zwei Besucher die mangelnde Innerlichkeit des modernen Menschen beklagte, der sein Vergnügen im Reisen suche. Ganz deutlich klang aber in seinen Worten auch das Bedauern mit, daß er nun selber zur Seßhaftigkeit gezwungen war.

Nach der Andacht ging der Kaiser zur Arbeit in Wald oder Garten. Mit Rücksicht auf seine Gesundheit hatten ihm die Ärzte körperliche Arbeit angeraten, und er hat sie bei jedem Wetter ausgeübt. In den umliegenden Wäldern wurden von ihm im Laufe der Zeit so viele Bäume gefällt, daß es eines Tages ihrem Besitzer, dem Grafen Bentinck, angst und bange wurde; dennoch ließ er es dann weiter geschehen, um es mit dem ihm befreundeten Kaiser nicht zu verderben. Auf Meterlänge geschnitten, wurde das Holz nach Haus Doorn gebracht und zerkleinert. An allen diesen Arbeiten, bei denen der Kaiser selber Säge oder Axt führte, mußte seine nächste Umgebung ständig teilnehmen: sein Adjutant, ein Herr vom Dienst, sein Arzt, seine Enkel und sogar die Gäste.

Meinem Mann, der natürlich auch häufig dazu aufgefordert wurde, hat die Waldarbeit nie behagt. Dafür liebte er es, mit seinem Vater in dem Rosengarten zu arbeiten, den der Kaiser nach dem Muster des berühmten Rosengartens im Berliner Tiergarten für die Kaiserin auch in Doorn hatte anlegen lassen. Aus allen Teilen der Welt, besonders aus Amerika, wurden dem Kaiser seltene Bäume und Sträucher für seinen Garten geschickt. Er pflanzte sie selbst ein und versah jeden Baum und Strauch mit einem Schild, auf dem neben Benennung und Herkunft auch der Name des jeweiligen Stifters verzeichnet war. Mein Mann hat mit Lust und Liebe bei diesen Gartenarbeiten assistiert, mußte aber dennoch einsehen, daß ihm sein Vater an gärtnerischer Geschicklichkeit überlegen war.

Noch einen zweiten Rosengarten ließ der Kaiser in Doorn anlegen, und zwar am Ausgang des Parks; es war das sogenannte »Rosarium«, das als eine Gabe für die holländische Nachbarschaft gedacht war und sich auch eines regen Besuchs von seiten der Bevölkerung erfreute.

Die Holländer haben diese Geste dem Kaiser gedankt; es wurde niemals eine Rose mutwillig abgebrochen. Im »Rosanum« hatten sie auch Gelegenheit, mit dem Kaiser in Kontakt zu kommen; in der Mitte des Gartens hatte er sich einen stillen Sitzplatz geschaffen, wo er manche Stunde verweilte.

Das Frühstück nahm der Kaiser im engeren Kreise seiner Familie ein. Dann begab er sich in den Gartenpavillon, wo ihm sein Adjutant, Herr von Ilsemann, an Hand von Zeitungsausschnitten einen Bericht über die politische Weltlage gab. Auch dies war zum Beispiel ein Punkt, über den mein Mann anders dachte als sein Vater. Er hat sich niemals mit der Vorlesung von Zeitungsausschnitten begnügt. Er las, um gründlich und unmittelbar informiert zu sein, viele Zeitungen, und zwar ohne den Beistand eines Adjutanten.

Eine Viertelstunde vor ein Uhr ertönte ein Gong, dessen lauter Klang im ganzen Park zu hören war: es war das Zeichen zum Mittagessen, das Punkt ein Uhr begann. Fünf Minuten vorher erklang der Gong noch einmal, doch standen in diesem Augenblick bereits alle Familienangehörigen und Gäste in der Halle bereit. Mit dem Glockenschlag eins, während zugleich der Haushofmeister die Tür zum Eßzimmer öffnete, erschien der Kaiser. Wieder warf er einen prüfenden Blick in die Runde, um sich von der Vollzähligkeit seiner Tischgäste zu überzeugen. Dann wandte er sich, von allen übrigen gefolgt, raschen Schrittes der Tafel zu.

Der Kaiser aß sehr wenig und sehr schnell. Sobald er einen Gang beendet hatte, klingelte er, ohne sich um seine Tischgenossen zu kümmern, und ließ den nächsten Gang auftragen.

Die kaiserliche Küche war übrigens auch in Doorn preußisch einfach, was manch einem aus der Umgebung des Kaisers nicht sonderlich behagte. Am zufriedensten war vielleicht mein Mann mit dieser Einfachheit; er war ebenfalls, wie ich schon einmal sagte, sehr mäßig im Essen. Kartoffelsuppe mit Würstchen oder auch Kartoffelpuffer mit Apfelkompott, das waren seine Leibgerichte.

Auch die Eile an der Tafel des Kaisers war meinem Mann keineswegs unsympathisch. Ich sehe noch immer das Bild vor mir, wie mein Mann, von Ungeduld getrieben, schon während des Essens nach seinem Zigarettenetui griff und ihm schließlich eine Zigarette entnahm. Er legte sie dann neben seinen Teller und schob sie nervös, sozusagen sich selber quälend, auf dem Tisch umher. Er war sichtlich erlöst, wenn die Tafel aufgehoben wurde und die Herren sich ins Rauchzimmer begaben.

Hier rauchte dann auch der Kaiser eine Zigarette. Es war eine Zigarette mit langem Hohlmundstück, eigentlich eine türkische Zigarette, die mein Mann seinerzeit in Konstantinopel kennengelernt und später für sich hatte anfertigen lassen. Da sie dem Kaiser gefallen hatte, ließ er sie auch für sich herstellen, während mein Mann zu einer anderen Zigarettenart überging. Beide haben stets den türkischen Tabak vorgezogen.

Nach einem ausgedehnten Mittagsschlaf begann, auch diesmal auf die Minute, um 4.30 Uhr die Teestunde, zu der sich wieder im kleinen Kreise die Familienangehörigen um den Kaiser versammelten. Danach begab sich jeder in sein Zimmer oder auf einen Spaziergang durch den herrlichen Park, während der Kaiser sich in sein Arbeitszimmer zurückzog, um seine schriftlichen Arbeiten auszuführen. Sein Schreibtischstuhl war ein aufgebockter Sattel, auf dem er sich nach allen Seiten bewegen konnte. Es ließe sich also sagen, daß er, wenn er sich an seinen Schreibtisch setzte, in den Sattel gestiegen sei.

Das Abendessen wurde um 8 Uhr eingenommen. Der Kaiser, der den ganzen Tag über keinen Schluck Wein trank, pflegte zum Abendessen ein Glas Sekt zu nehmen und die Flasche, so wie es schon sein Großvater, Kaiser Wilhelm I., getan hatte, wieder zuzukorken und sie, mit dem Kopf nach unten, aufbewahren zu lassen. Ein Hang zu altpreußischer Sparsamkeit war dem Kaiser eingeboren. Es fiel ihm zum Beispiel sofort auf, wenn einer seiner Söhne einen neuen Anzug trug. Meinen Mann, der auf Kleidung so großen Wert legte, betrachtete er in dieser Hinsicht besonders kritisch. Es konnte vorkommen, daß der Kaiser einem seiner Söhne sagte: »Wie, schon wieder ein neuer Anzug? Ich kann mir das nicht erlauben!«

Nach dem Abendessen versammelte sich die ganze Tischgesellschaft in dem schönen Rauchzimmer, dessen Wände zwei große Bilder aus dem Leben Friedrichs des Großen schmückten. Während die Herren rauchten, beschäftigten sich die Damen mit einer Handarbeit. Der Kaiser las währenddessen gewöhnlich aus einem Geschichtswerk vor und schloß daran hin und wieder einen Vortrag über eins seiner Lieblingsthemen, z.B. über altorientalische Kulturgeschichte, an.

Keiner der bis ins Letzte geregelten Tage in Haus Doorn verging aber, ohne daß der Kaiser seinen Wetterbericht abgefaßt hätte. Morgens, mittags und abends mußte sein Kammerdiener, Vater Schulze, die verschiedenen Barometer in Schloß Doorn ablesen und dem Kaiser berichten. Die Barometer durften sonst von niemand angerührt werden.

Vater Schulze, ursprünglich Leibjäger des Kaisers, dann sein Kammerdiener, stand durch ein Menschenalter im Dienst seines Herrn. Mein Mann begrüßte ihn als ersten, wenn er nach Doorn kam. Von ihm erfuhr er dann auch, ob der Kaiser gutgelaunt oder ob es ratsam sei, sich erst am nächsten Tag bei ihm zu melden.

Zwischen dem Kaiser und Vater Schulze bestand ein sehr herzliches Verhältnis. Natürlich gab es auch manchmal eine Mißstimmung zwischen ihnen, so daß sie tagelang kein Wort miteinander sprachen, und es dann beinahe eine Prestigefrage war, wer das erste Wort an den andern richtete. Gewöhnlich überlistete in solchem Falle der gewitzigte Vater Schulze den Kaiser. So hat er einmal, um dem Kaiser das erste Wort abzulisten, im Toilettenzimmer alle Vorbereitungen fürs Haarschneiden getroffen, ohne daß der Kaiser, wie sonst üblich, vorher unterrichtet war. Der Kaiser betrat den Toilettenraum und ließ sich zum ersten Wort hinreißen: »Was soll denn das bedeuten?« Vater Schulze antwortete kurz: »Haarschneiden, Majestät!« Der Bann war gebrochen.

Im Mai 1941 erhielt mein Mann aus Doorn die Nachricht, daß der Kaiser ernstlich erkrankt sei. Er fuhr sofort hin und fand seinen Vater in bedenklichem Zustand. Des Kaisers einzige Tochter, Viktoria Luise, Herzogin von Braunschweig und Mutter der jetzigen Königin von Griechenland, weilte bereits am Bett des Kranken und hatte in treuer Sorge seine Pflege übernommen. Obwohl die Ärzte meinen Mann noch zu beruhigen versuchten, war ihm doch bewußt, daß der Zustand des Kaisers sehr ernst war. Um Vorkehrungen für den Fall seines Ablebens zu treffen, kehrte mein Mann nach Potsdam zurück. Neuerliche schlechte Nachrichten veranlaßten ihn aber, bald wieder nach Doorn zu eilen. Er kam jedoch zwölf Stunden zu spät. Der Kaiser war am 4. Juni gestorben.

Hitler ordnete damals ein Staatsbegräbnis in Berlin an. Dazu kam es aber nicht: des Kaisers letzter Wille war gewesen, nicht nach Deutschland übergeführt zu werden, solange Hitler regierte. Dennoch stellte die Reichsregierung für die Trauergäste einen Sonderzug zur Verfügung, der in Berlin eingesetzt wurde. Als ihren Vertreter entsandte sie Seiß-Inquart. Von den drei Wehrmachtteilen wurde je eine Abordnung zur Teilnahme an den Begräbnisfeierlichkeiten abkommandiert. Ich reiste mit meinen Kindern im Sonderzug, in dem auch viele deutsche Fürstlichkeiten und Angehörige der alten Armee, darunter Generalfeldmarschall von Mackensen, mitfuhren.

An einem herrlichen Junitag wurde der Kaiser in der kleinen Kapelle von Doorn beigesetzt. Der Park erstrahlte noch einmal in seiner ganzen Schönheit, als wolle er sich mit seiner Pracht seinem Herrn zum letzten Male zeigen.

So versank für uns das schöne Doorn; übrig blieben nur zahllose gute Erinnerungen. Meine Kinder empfanden den Tod ihres Großvaters besonders schmerzlich; sie hatten mit ihm wundervolle Stunden in Doorn verbracht. Zudem hatten sie ihn nicht als gestrengen Vater, sondern als gütigen Großvater erlebt – ein ewig wiederkehrendes Erlebnis.

KLEINE ZÜGE ZUM BILD
DES MENSCHEN

Ich weiß, es gibt eine Unzahl von Anekdoten über den Kronprinzen. Es sind vielfach Geschichten, die ein ganz verzerrtes Bild von ihm geben. Aber mein Mann konnte sich in seiner frischen Natürlichkeit, wenn nicht gerade eine hetzerische Absicht den Witz zerstörte, dennoch über solche Erzählungen amüsieren. Denn trotz aller Verzerrung und Verdrehung trat in diesen Geschichten im Grunde auch die bewußte oder unbewußte Erkenntnis eines seiner wichtigsten Wesenszüge zutage: der Kronprinz war nämlich ganz unsentimental.

Diese unsentimentale Art ist mitunter als Sarkasmus gedeutet worden. Ja, es wurde bisweilen auch gesagt, er sei sarkastischer als Friedrich der Große, mit dem man ihn überhaupt in mancher Hinsicht zu vergleichen liebte. Aber letzten Endes gehörte er ganz unserem Jahrhundert an, und zwar uneingeschränkt: er war klar, sachlich, nüchtern. Jedem Pathos war er abhold. Auch in Gegenwart von Damen äußerte er sich in seiner unsentimentalen Offenheit.

Alles Zeremonielle war ihm ein Greuel, besonders dann, wenn es obendrein noch zopfig war. Damit eckte er natürlich häufig an, zumal in den ersten Jahren seine fortschrittlichen Ideen entweder verkannt oder nicht begriffen wurden. Ich entsinne mich gut, mit welchem Eifer er sich für die Modernisierung der Armee-Uniformen einsetzte. Für seine Leibhusaren hatte er zum Beispiel eine Uniform aus Khakistoff entworfen, der in England schon lange eingeführt war. Statt der enganliegenden Hose sah sein Entwurf eine Breecheshose mit Ausbuchtungen vor, und der Rock sollte eine einfache Khakili-

tewka ohne Litzen und »Lametta« und nur mit einem To-
tenkopfzeichen im Kragenspiegel sein, so daß Offizier
und Mann kaum voneinander zu unterscheiden waren.

Er selbst trug stets eine von ihm entworfene unvor-
schriftsmäßige Uniform und dazu noch die bekannte
schräg aufgesetzte und nach hinten zurückgeklappte
Mütze, aus welcher der Draht entfernt war. Der Kaiser,
dem diese Extravaganzen seines Sohnes gelegentlich ge-
meldet wurden, hielt jedoch sehr streng auf den vor-
schriftsmäßigen Dienstanzug. Wenn nun der Kronprinz
zum Vortrag beim Kaiser befohlen wurde, mußte jedesmal im kaiserlichen Vorzimmer mit der Hilfe des kronprinzlichen Kammerdieners eine rasche Verwandlung
»auf vorschriftsmäßig« improvisiert werden. Sicherheitsnadeln mußten dazu dienen, die Ausbuchtungen der
Breeches zu glätten, und die »Klappmütze« wurde ersetzt
von der vorgeschriebenen kleinen Dienstmütze. Dann
meldete sich der Kronprinz bei Seiner Majestät. Sobald er
ins Vorzimmer zurückkehrte, flog die steife Dienstmütze
in hohem Bogen in die Ecke, die Sicherheitsnadeln wurden gelöst, und die Ausbuchtungen der Breeches kamen
wieder zur Geltung.

Sich in seiner Kleidung wohl zu fühlen, darauf hat
mein Mann auch später stets großen Wert gelegt. Am liebsten trug er oberbayrische Sepplhosen, den Janker und
das offene Schillerhernd. Das Leder zu seinen Hosen
stammte von Gemsen, die er selber geschossen hatte.

Seine Sportlichkeit war kein äußeres Gehabe. Er besaß eine echte Liebe, ja Begeisterung für den Sport. Daß
in der alten Armee der Sport eingeführt wurde, ist hauptsächlich seinen unermüdlichen Bemühungen zu verdan-
ken. Bei seinen Leibhusaren wurde der Fußdienst vom

Fußball abgelöst. Ganz besonders liebte er Auto- und Fahrradrennen; noch bis kurz vor Kriegsende war er ständiger Gast bei den Sechstagerennen. Wie sehr er sich den Sportlern verbunden fühlte, und auch umgekehrt die Sportler ihm, bewies bei seinem Tod die echte Anteilnahme der bekanntesten und größten Sportleute.

In seinem fortschrittlichen Sinn war der Kronprinz der modernen Technik ganz besonders zugetan. Ich erinnere mich noch, mit welch brennendem Interesse er die ersten von Amerika herüberkommenden Fotoapparate aufnahm. »Diese Sache hat eine Zukunft«, sagte er, und war dann bald einer der ersten Amateurfotografen. Der erste Kodakapparat, den er zu jener Zeit erwarb, ist mir leider auf unserer Ägyptenreise in den Nil gefallen.

Meines Mannes Interesse für die Technik konzentrierte sich wohl am meisten auf das Auto. Es ist bekannt, daß er einen der ersten Wagen in Berlin gefahren hat. Im Laufe der Zeit gewann er ein so gründliches Wissen über alles, was mit dem Auto zusammenhing, daß er damit häufig genug selbst Fachleute verblüffte. Seine Kenntnis ging so weit, daß er den Autofirmen – er fuhr Mercedes- und BMW-Wagen – manche Anregung zu technischen Verbesserungen und Neuerungen geben konnte. Auf eine seiner Anregungen ist zum Beispiel die Einführung der Öldruckbremse zurückzuführen.

Auch der Bau von eigens für den Autoverkehr geeigneten Straßen hat seine Gedanken von jeher beschäftigt. So weiß ich, daß es nach dem Autorennen von Homburg 1904, bei dem sich der mächtige Staub auf den Straßen als sehr hinderlich erwiesen hatte, zu einer Aussprache zwischen dem Kaiser und dem Kronprinzen kam, deren

Thema die Abstellung jenes Mangels bildete. Es tauchte hierbei der Gedanke auf, zementierte und für den Parallelverkehr geeignete Straßen anzulegen. Der Kronprinz hat diesen Gedanken immer wieder aufgegriffen und, sooft er Gelegenheit hatte, mit Technikern durchgesprochen.

Daß mein Mann bei seinen Wagen auf sportliche Form hielt, war schließlich ebensowenig nur eine Geste wie das Tragen der schrägen Mütze. Er war tatsächlich durch und durch Sportsmann. Infolgedessen betrachtete er auch das Fahren als einen Sport, und er fuhr mitunter geradezu verwegen. Mir fällt in diesem Zusammenhang eine Geschichte ein, die er mir in seiner offenherzigen, natürlichen Art häufig erzählt hat:

Eines Tages fuhr er – es muß 1934 oder 1935 gewesen sein – mit seinem bekannten roten Sportkabriolett, das er seiner schnittigen Form wegen besonders liebte, über den Kurfürstendamm in schärfstem Tempo. In seiner Begleitung war eine jüdische Bekannte, der die Geschwindigkeit zu hoch war. Sie sagte: »Kaiserliche Hoheit, Sie fahren zu schnell!« Darauf gab der Kronprinz in seiner nonchalanten Art zur Antwort: »Aber warum solche Bange? Überlegen Sie einmal, welche Chance Sie haben! Wenn uns etwas passiert, kommen unter Umständen Ihre Knochen auf den christlichen Friedhof und meine auf den jüdischen.«

Bis zu seinem letzten Atemzug hatte er eine jungenhafte Art, sich auszudrücken, und das liebte ich besonders an ihm. In allem, was er sprach, war er offen und ohne Falsch. Der Wahlspruch des 1. Garde-Regiments »Semper talis« war wie auf ihn gemünzt.

Mein Mann besaß eine beneidenswerte Gesundheit. Ernstlich krank ist er nie gewesen. Er dachte auch nicht daran, sich etwa zu schonen oder gelegentliche Störungen in seinem körperlichen Wohlbefinden wichtig zu nehmen. Daß er nach 1945 beim Autofahren stets seinen berühmten Ziegelstein als Fußwärmer mit sich führte, weil ihm, wie er immer sagte, warme Füße wichtiger seien als ein warmes Essen, war eher eine Marotte von ihm. Wenn ihm nämlich jemand den Ziegelstein auszureden und statt dessen einen Steinhägerkrug anzuraten versuchte, hat er jedesmal mit ergötzlichem Eifer seinen Ziegelstein verteidigt.

Aber trotz seiner offensichtlichen Gesundheit entdeckten die Ärzte hin und wieder irgendein »Leiden« an meinem Mann und schickten ihn zur Kur ins Bad. Wie es der Kronprinz mit seinen Kuren zu halten pflegte, haben die Ärzte niemals erfahren; er ließ sie im guten Glauben, ihn geheilt zu haben. In Wirklichkeit hatte er sich an den Badekuren vorbeigedrückt. Und ich sah ihn nie gesunder und heiterer als in den Augenblicken, in denen er mir nach seiner Rückkehr aus dem Bad erzählte, wie er den Ärzten ein Schnippchen geschlagen hatte.

Im Jahre 1936 waren ihm die Bäder in Bad Gastein verordnet worden. Er fuhr zwar nach Gastein, löste auch die Badekarte; doch als sich herausstellte, daß die Bäder um vier Uhr morgens genommen werden mußten, gab er die Badekarte seinem Kammerdiener: »Hermann, mach du die Kur!« So stand nun der Kammerdiener, nicht minder gesund als der Kronprinz, jeden Morgen um vier Uhr auf, ging ins Bad und ließ für den Kronprinzen die Badekarte abknipsen. Ich wüßte nicht, daß die Kur mit vertauschten Rollen einem von beiden geschadet hätte. Wohl aber erinnere ich mich recht gut, wie vergnügt der Kronprinz war, als der ahnungslose Arzt nach seiner Rückkehr voller Stolz und Genugtuung den guten Erfolg der Kur feststellte. Ganz ähnlich war es 1943 in Bad Kissingen, wo dem Kronprinzen die ihm verordneten Unterwassermassagen und Wechselbäder höchst unsympathisch waren. Auch hier mußte sein Kammerdiener sich opfern und die Rolle des Kranken übernehmen. »Ich fahre ja nur ins Bad«, sagte mir mein Mann nachher lachend, »damit Hermann etwas für seine Gesundheit tut.«

Es ist wahr, für seine eigene Gesundheit brauchte er kaum etwas zu tun. Er war wirklich kerngesund. Ganz gewiß war es seine unverwüstliche Natur, der auch seine so impulsive, kraftvolle, ja strahlende Lebendigkeit entsprang. Aber wenn ich mich nicht täusche, ist es denn auch diese Lebendigkeit gewesen, die ihm viele der über ihn erzählten Geschichten eingetragen hat. An sich lohnt es sich kaum, auf diese meist böswillig entstellenden, ja verleumderischen Geschichten einzugehen. Doch halte ich es für wichtig, an dieser Stelle einmal die Wahrheit zu sagen; denn gerade jetzt, während ich dies niederschreibe, tauchen wieder Verleumdungen übelster Art auf.

Ich denke da besonders an einen Aufsatz, der kürzlich in einer süddeutschen Illustrierten erschienen ist. Darin wird behauptet, der Kronprinz sei 1945 auf der Burg Hohenzollern bei Hechingen gefangengenommen worden und habe später, während seiner mehrwöchigen Gefangenschaft im »Bayrischen Hof« in Lindau, vor dem französischen General de Lattre de Tassigny das Recht beansprucht, Damenbesuch zu empfangen.

In diesen Behauptungen könnte man geradezu ein Schulbeispiel sehen für die Leichtfertigkeit, mit der solche Geschichten erfunden werden. Weder das eine noch das andere entspricht der Wahrheit. Zunächst einmal hat mein Mann die Burg Hohenzollern vor seiner Gefangennahme niemals betreten; erst auf seinen Wunsch ist sie ihm von den Franzosen, die ihn weiterhin als Gefangenen betrachteten, als Wohnsitz angewiesen worden. Sodann hat er den französischen General leiglich um eine Aussprache gebeten, um von ihm eine Erklärung über seine wochenlange Haft zu erhalten, deren Motive dem Kronprinzen völlig unverständlich waren. Dies allein, und nur dies allein war der Grund, weshalb er mit dem General ein Gespräch führen wollte.

Zudem fand seine Zusammenkunft mit de Lattre de Tassigny in einer so gespannten Atmosphäre statt, daß es wohl auch einem weniger empfindlichen Menschen als dem Kronprinzen kaum eingefallen wäre, Wünsche ganz persönlicher oder gar heikler Art zu äußern. Mein Mann, noch an die ritterlichen Bräuche vergangener Zeiten gewöhnt, hatte de Lattre de Tassigny die Hand geboten; der General schlug sie mit einer Geste der Geringschätzung aus. Ich kann mich sehr gut in die Lage meines Mannes versetzen, der immer nur sehr ritterlich und fair empfunden hat, der im ersten Weltkrieg dem besiegten Kommandeur von Fort Douaumont bei Verdun die Hand dargeboten und ihm mit seinem Degen auch die Ehre zurückgegeben hatte. Und damals war mein Mann Soldat, diesmal aber doch schließlich Zivilist. Dabei dürfte es wohl auch im Ausland bekannt gewesen sein, daß der Kronprinz sich an der Politik des Dritten Reiches in keiner Weise aktiv beteiligt hat. Um so verletzender mußte auf ihn die Haltung des französischen Generals wirken.

Ich weiß, solche Behandlung deutscher Menschen war in jenen Tagen kein Ausnahmefall. Darüber hinaus scheint noch das bekannte französische Vorurteil gegen das Hohenzollernhaus im Benehmen des Generals mitgewirkt und in ihm die Empfindung ausgelöst zu haben, im Kronprinzen der Personifizierung des Deutschtums gegenüberzustehen. Dennoch bleibt es mir unverständlich, wie ein Aufsatz einer deutschen Illustrierten die Kreuznacher Sumpffelder mit der Hotelhaft des Kronprinzen in Zusammenhang bringen kann. In Kreuznach handelte es sich um gefangene Soldaten des zweiten Weltkrieges, im »Bayrischen Hof« in Lindau um einen 63jährigen Privatmann, der, wie gesagt, der Politik des Dritten Reiches ferngestanden hatte.

Davon abgesehen, hat der Kronprinz in jenen Tagen auch nichts von den Kreuznacher Sumpffeldern gewußt. Ich kann wohl behaupten, daß kaum jemand nach dem Bekanntwerden dieser Unmenschlichkeiten tiefer mitgefühlt und mitgelitten hat als der Kronprinz. Kameradschaft ist ihm zeit seines Lebens oberstes Gesetz gewesen. Das bezeugen mir immer wieder, und ich darf wohl sagen zu meiner Genugtuung, die vielen brieflichen und mündlichen Äußerungen seiner alten Kameraden des ersten Weltkrieges. Gerade in der Zeit, in der meine Aufzeichnungen als Vorabdruck erschienen, strömten mir zahllose Zeugnisse der Liebe und Anhänglichkeit an den Kronprinzen von allen Seiten zu.

Wie gesagt, ich sehe in jenem Aufsatz ein Schulbeispiel für die leichtfertige, um nicht zu sagen böswillige Art, mit der Geschichten aufgebracht werden. Und es ist dies nur eine der vielen Verleumdungen, die im Laufe der Jahre das Bild des Kronprinzen zu verzerren suchten. Die menschliche Natur neigt freilich dazu, die Eigenschaften der Mitmenschen zu übertreiben und aus ihren Handlungen verallgemeinernde Schlüsse zu ziehen. Doch dürfte es der Takt gebieten, in der Verurteilung eines Menschen, dessen Lebensumstände und Schicksale einem nicht ganz vertraut sind, zurückhaltend zu sein.

Natürlich sind mir alle Anekdoten und Anekdötchen bekannt, die über den Kronprinzen und sein Verhältnis zu den Frauen erzählt wurden. Aber ich habe sie stets als das genommen, was sie waren, nämlich als Anekdötchen. Dennoch möchte ich hier die Gelegenheit benutzen, um diese besondere Seite der Popularität meines Mannes einmal von mir aus zu beleuchten. Denn indirekt war ja auch ich davon betroffen; zumindest betraf mich ebenso wie meinen Mann die mitunter auftauchende Frage: Warum leben sie getrennt voneinander?

Die Antwort auf diese Frage ist übrigens sehr einfach: getrennt haben wir immer nur dann gelebt, wenn die besonderen Lebensumstände uns dazu gezwungen haben. Von 1914 bis 1923 waren es der Krieg und meines Mannes Verbannung; nach 1945 die Tatsache, daß der Kronprinz von den Franzosen gezwungen wurde, auf der Burg Hohenzollern isoliert zu leben; nach 1948 die jedem von uns bekannte Wohnraumenge. Mein Mann wohnte in Hechingen so beschränkt, daß zum Beispiel jedesmal, wenn ich ihn besuchte, die Hausangestellte ausquartiert werden mußte. In allen ürigen Zeiten aber sind unsere Wege so gemeinsam verlaufen wie bei jedem anderen Ehepaar.

Nun, ich will ehrlich sagen, was ich über die vielen Geschichten denke. Der Kronprinz war von Natur ein Mann, der überall, wo er auftrat, und auch zu jeder Zeit, in seiner Jugend sowohl wie im reifen Alter, auf zahllose Menschen anziehend und sympathisch wirkte. Ganz besonders aber fühlten sich Frauenherzen von seinem guten Aussehen, seiner offenherzigen Art, seiner jugendlichen Erscheinung angesprochen. wahrhaftig, ich möchte den Mann kennenlernen, der in solchem Falle unbeeindruckt geblieben wäre. Wir alle, ob Fürsten oder nicht, sind schließlich den Gesetzen des Lebens unterworfen.

Gerade jene Eigenschaften aber waren es auch, die gewisse Leute offenbar dazu anreizten, meinem Mann ein viel bewegteres Leben anzudichten, als er es in Wirklichkeit geführt hat. Dasselbe geschieht ja auch mit anderen Männern, denen die Herzen der Frauen zufliegen. Nur kam bei meinem Manne noch die Glorie seiner Geburt und Herkunft hinzu. Es liegt ganz gewiß eine Tragik in der Tatsache, daß unser persönlichstes Leben ständig den Blicken neugieriger Menschen ausgesetzt ist. Das private Leben gegen die Außenwelt abzuschirmen, wie es jedermann als sein natürliches Recht betrachtet, ist uns fast immer versagt. Was in unseren vier Wänden geschieht, bleibt noch lange nicht in unseren vier Wänden. Im Grunde sind wir keinen Augenblick allein und unbeobachtet. In unserer nächsten Nähe gibt es immer Augen und Ohren, die das, was sie sehen und hören, nicht mit derselben Zurückhaltung aufnehmen und weitergeben wie wir selbst. Diskretion ist eben eine sehr seltene Eigenschaft unter den Menschen.

Es lag also nahe, daß diese durch unsere Lebensumstände bedingte Situation von Neugierigen und Klatschsüchtigen ausgenutzt wurde. Und ich möchte noch hinzufügen: auch von Wichtigtuern. Denn es gab jederzeit Personen in unserer Bekanntschaft, die sich wichtiger nahmen, als wir selbst es taten. Die Intrige gehört nun mal leider seit alter Zeit zum Hofleben, und sie kann verhängnisvolle Folgen haben.

Glücklicherweise kann ich sagen, daß es in unserer engeren Umgebung weder Intrige noch Mißgunst gegeben hat, daß uns gerade die Damen und Herren unseres Hofstaates auch persönlich besonders nahestanden.

Was ist nicht alles über die Beziehungen des Kronprinzen zu den Frauen erzählt und erdichtet, gemunkelt und geflüstert worden! Wenn man sich aber nur ein bißchen Mühe gibt, tiefer in dieses monströse Gebäude der Geschichten und Anekdoten hineinzusehen, so fällt es wie Schaum zusammen. Wie geringfügig jedoch die Anlässe, wie trübe die Motive waren, die die Klatschsucht anregten, habe ich schon angedeutet. Ich will dafür ein paar Beispiele geben.

Ein Fall ist mir ganz besonders in Erinnerung geblieben: Geraldine Farrar. Diese wundervolle amerikanische Sängerin hatte der Kaiser, den ihre Kunst begeisterte, seinerzeit an die Berliner Staatsoper verpflichtet. Ich brauche nicht hervorzuheben, wie sehr Geraldine Farrar jedermann bezauberte: sie war nicht allein charmant, sondern auch sehr klug und geistreich. In unseren ersten Ehejahren war sie häufig unser Gast, denn auch ich mochte sie sehr gern. Sie hat uns manche Stunde mit ihrem herrlichen Gesang verschönt.

Unsere Freundschaft mit Geraldine Farrar gab den Geschichtenerzählern nicht eher Ruhe, bis sie daraus ein Liebesverhältnis zwischen Kronprinz und Sängerin konstruiert hatten. Ohnehin wurden damals Freundschaften zwischen Fürsten und Künstlerinnen argwöhnisch betrachtet; in diesem Fall um so mehr, als es sich um den Kronprinzen handelte, dessen Begeisterungsfähigkeit gern mißdeutet wurde. Ich kann immer nur sagen: Die Tragik unseres Lebens lag darin, daß alle unsere Handlungen ständig im Mittelpunkt allgemeinen Aufsehens standen. Die geringste Geste wurde mißverstanden und falsch kolportiert.

Geraldine Farrar hatte es in dieser Hinsicht vielleicht besser als wir; sie konnte das tun, was uns verwehrt war: dem übeln Geschwätz den Rücken kehren und nach Amerika übersiedeln. Ihre echte und menschliche Freundschaft zu uns ist dadurch in keiner Weise und auch in keinem Augenblick getrübt worden. Im Gegenteil, sie hat sich immer aufs neue bewährt, ganz besonders nach 1945, in den schwersten Zeiten unseres Daseins.

Ich muß hier einfügen, daß wir überhaupt zu vielen Künstlern und Künstlerinnen in freundschaftlichen Beziehungen gestanden haben. Es war uns beiden immer ein Bedürfnis, mit aufgeschlossenen Menschen zu tun zu haben. Allerdings äußerte mein Mann seine Theaterbegeisterung oft auf eine impulsive Art. Nach einer guten Aufführung pflegte er hinter die Bühne zu gehen und die Künstler zu beglückwünschen. Mir fällt jetzt zum Beispiel eine Aufführung von Aschers Operette »Der Soldat der Marie« ein, die dem Kronprinzen ungemein gefallen hatte. Er beeilte sich nach der Vorstellung, hinter die Bühne zu gehen und dem Hauptdarsteller Oskar Sabor ein Paar Manschettenknöpfe und der Soubrette Lisa Weiser eine Brosche zu überreichen, beides geprägt mit dem »W« und der Krone. Überflüssig zu sagen, welche Klatschereien sich an diese spontane Geste anknüpften.

Der Kronprinz war viel zu heiter, als daß er dem Gerede über ihn großen Wert beigemessen hätte. In witziger Weise vorgetragene Anspielungen machten ihm sogar Spaß. Als wir vor einigen Jahren zum erstenmal seit langer Zeit die Schweiz wiedersahen und in Sils Maria gute alte Nachbarn wiedertrafen, die beim gemeinsamen Plaudern schöne vergangene Zeiten heraufbeschworen, meinte einer von ihnen:

»Erinnern Sie sich noch an die beiden hübschen Amerikanerinnen, Kaiserliche Hoheit? «

Mein Mann fragte schmunzelnd:

»Was für Amerikanerinnen?«

»Die damals so verliebt in Sie waren. Vor kurzem waren sie mal wieder hier. Aber jünger geworden sind sie nicht.«

Der Kronprinz lachte herzlich:

»Wir alle sind älter geworden!«

Meines Mannes Begeisterung fürs Theater beschränkte sich aber nicht etwa, wie ihm oft nachgesagt wurde, auf die leichte Muse, etwa auf die Operette. Sein Leben lang hat ihn das Schauspiel viel stärker angezogen. Das Interesse, das er in den ersten Jahren für die Operette zeigte, bezog sich in erster Linie auf die von Lehár versuchte Erneuerung der sich seit Strauß und Millöcker in ausgetretenen Pfaden bewegenden Operette. Es war gerade ein charakteristischer Wesenszug meines Mannes, daß er sich von allem Neuen, ja auch vom Experiment stets angezogen fühlte. Nur so ist auch sein Verhältnis zu Max Reinhardt zu verstehen.

Daß sich der Kronprinz gerade für den im Anfang so umstrittenen Revolutionär des Theaters einsetzte, wirbelte natürlich manchen Staub auf. Aber er ließ sich in seiner Auffassung nicht beirren und nahm auch Vorwürfe mit in Kauf, wenn er in einem bedeutenden Menschen eine besondere schöpferische Eigenart erkannt hatte.

Max Reinhardt, von Haus aus Österreicher, war schon in den neunziger Jahren als Schauspieler nach Berlin gekommen. 1901 eröffnete er Unter den Linden das künstlerische Kabarett »Schall und Rauch«, das nachmalige »Kleine Theater«. Sein erster großer Erfolg war eine Aufführung von Gorkis »Nachtasyl«. Als ihm 1905 die Leitung des »Deutschen Theaters« und bald darauf auch der »Kammerspiele« übertragen wurde, konnte er seine großen Fähigkeiten ungehindert entfalten und seine Gedanken über moderne Regie in die Tat umsetzen. Seine großen Inszenierungen, ich brauche es nicht hervorzuheben, sind entscheidend für unsere gesamte Theaterkultur geworden.

Allerdings hatte Max Reinhardt mit großen wirtschaftlichen Schwierigkeiten zu kämpfen. Seine aufs Theatralisch-Dekorative hinzielende Regie sprengte den Rahmen der bisherigen naturalistischen Bühne. Sein Ensemble umfaßte eine gegen früher ungewöhnlich hohe Zahl von Mitgliedern, deren Gagen zudem beträchtlich waren. Außerdem jagte, wie es bei dem temperamentvollen Theatermann nicht anders sein konnte, eine große Inszenierung die andere. Das alles war natürlich sehr kostspielig, und eines Tages stand Max Reinhardt vor dem geschäftlichen Ruin.

Als mein Mann davon hörte, griff er sofort ein. Aus seinen Mitteln half er Max Reinhardt, seine finanzielle Lage wieder zu festigen. Aber dabei blieb es nicht; Max Reinhardts Notzustand wiederholte sich mehrfach, und schließlich wurde aus der als einmalig gedachten Unterstützung eine dauernde und regelmäßige Subvention.

Mein Mann, und ich darf von mir das gleiche sagen, bewunderte aufrichtig die Fähigkeiten dieses großen Theaterleiters. Später setzte er sich auch dafür ein, daß Max Reinhardt den Professortitel erhielt. Darüber hinaus fühlten wir uns beide Max Reinhardt und seiner Frau, der Schauspielerin Else Heims, freundschaftlich verbunden. Sie waren häufig unsere Gäste. Es war mir eine große Freude, im vorigen Jahr Else Heims nach langer Trennung wiederzusehen. Sie gastierte in Stuttgart im »Kleinen Schauspielhaus« dem Stück »Bäume sterben aufrecht«. Sie hatte mich zur Premiere eingeladen, und wieder erschütterte und begeisterte mich ihre große Darstellungskunst. Unser Zusammensein am nächsten Tag war ausgefüllt von erinnerungsreichen Gesprächen.

Wenn mein Mann nach 1918 Max Reinhardt nicht mehr in der bisherigen Weise beistehen konnte, so änderte sich doch nichts an der gegenseitigen Zuneigung und an meines Mannes Bewunderung für Reinhardts Leistungen. Noch in Oels und sehr bald nach seiner Rückkehr aus Wieringen verfolgte mein Mann aufmerksam die Berliner Theaterprogramme und fuhr kurz entschlossen nach Berlin, wenn eine von Max Reinhardts großen Inszenierungen im Spielplan stand.

Bei einer dieser, oft im letzten Augenblick beschlossenen Fahrten hatte der Kammerdiener vergessen, den Smoking einzupacken, merkte es allerdings erst in Berlin, zwei Stunden vor Theaterbeginn. Er verstand es, seine Verlegenheit zu verheimlichen, und borgte sich bei dem früheren Hofschneider Hermann Hofmann einen Smoking aus, der ungefähr der Größe meines Mannes entsprach. Aber eben nur ungefähr. Mein Mann spürte, daß etwas mit dem Smoking nicht in Ordnung war: »Hermann, was ist eigentlich mit dem Smoking los? Ist er etwa verbügelt?« – »Sehr wahrscheinlich«, meinte der Kammerdiener.

Am nächsten Morgen ging das Gespräch weiter: »Was ich dir sage, Hermann, der Smoking ist verbügelt. Geh, laß ihn sofort umbügeln; heute abend brauche ich ihn wieder.«

Inzwischen war jedoch, zur Erleichterung des Kammerdieners, der richtige Smoking aus Oels nachgekommen. Er hatte ihn telefonisch bestellt. Mein Mann zog ihn am Abend an und fühlte sich endlich wieder behaglich in seinem Anzug: »Ich habe dir ja gleich gesagt, er war verbügelt. Nun sitzt er wieder richtig.«

Jetzt endlich gestand der Kammerdiener seine List. Mein Mann konnte sich das Lachen nicht verbeißen. »Du alter Gauner«, sagte er.

Zwei Sprüchlein hat mein Mann sehr früh hassen gelernt. Das eine lautete: »Das dürfen Kaiserliche Hoheit nicht tun!« Und das Gegenstück: »Jetzt müssen Kaiserliche Hoheit das tun!«

Schon in seiner Jugend empfand er es als eine arge Fessel, daß ein Mensch, nur weil er Prinz war, dauernd gewisse Rücksichten zu nehmen hatte und bei allem und jedem, was er tat, sich von den Menschen seiner Umgebung solche Ermahnungen anhören mußte. Und von Anfang an wehrte er sich gegen jeden Versuch, mit seinem Tun und Lassen in ein verstaubtes Schema eingespannt zu werden. Er wollte nicht nur Kronprinz, sondern vor allem ein freier Mensch sein.

Daher auch seine immerfort und offen bekundete Abneigung gegen alles Pomphafte, »Erhabene« und Abgezirkelte, gegen eine zu starre Repräsentation, wie sie etwa auf den Hoffesten zutage trat. Wie viele vorwurfsvolle oder auch sanft mahnende Blicke aus den Augen verletzter Hofmarschälle hat er dafür einstecken müssen! Aber er machte sich nichts daraus.

Ich glaube, es hat ihm auf diesen Berliner Festen nur eine einzige Gestalt imponiert: Adolf von Menzel. Nicht allein, weil er dessen große Zeichenkunst tief bewunderte, sondern auch, weil er in diesem auf den höfischen Festen wie ein Wesen von einem anderen Stern wirkenden Mann einen Artgenossen erkannte. Menzel, dessen scharfem Blick nichts entging, hielt denn auch in den Gesprächen mit meinem Mann mit seiner Kritik nicht zurück, und alles, was er sagte, war durchdrungen von seinem trockenen, mitunter sarkastischen Witz. Menzel kam immer zu spät zu den Festen, auch darin ein Outsider. In den letzten Jahren schickte der Kaiser gewöhnlich einen seiner Adjutanten zu dem alten Herrn, um ihn abzuholen und ihm beim Ankleiden helfen zu lassen. Aber das nutzte nichts, Menzel kam doch zu spät. Was meinen Mann dabei immer amüsierte, war die Ratlosigkeit des Haushofmeisters, der in Menzels Sonderstellung einen unerhörten Bruch mit der Tradition und Etikette erblicken mußte. Daß es auf solchen repräsentativen Festen nicht ganz ohne Förmlichkeit zugehen konnte, sah natürlich der Kronprinz ein; aber er glaubte doch auch, daß ihnen eine Belebung durch eine größere innere Freizügigkeit nicht hätte schaden können.

Weit mehr als dieses Gepränge sagte meinem Mann der ungezwungene Verkehr mit freien, in Begabung und Leistung hervorragenden Menschen zu. Seine Liebe zum Sport gewann ihm die Freundschaft vieler Sportsleute, seine Liebe zur Kunst die vieler Künstler und Schriftsteller.

In den Jahren vor dem ersten Weltkrieg zwar fand mein Mann in seinen Kreisen recht wenig Verständnis für diese Neigungen. Manch gute Absicht, manch aufrichtige Geste wurde falsch interpretiert oder auch bewußt in ein ungünstiges Licht gerückt. Und trotz seiner Unvoreingenommenheit gab es auch unter den Künstlerfreunden manch einen, der immer noch eine irgendwie unvermeidliche Trennungswand zwischen sich und dem Kronprinzen zu spüren glaubte. Um so glücklicher war mein Mann, als nach dem Krieg diese Hemmungen wegfielen und der Verkehr von Mensch zu Mensch in jenem Freimut vor sich gehen konnte, der eine der Grundbedingungen echter menschlicher Beziehungen ist. Ich denke da zum Beispiel an meines Mannes Verhältnis zu Gerhart Hauptmann, das erst jetzt von gegenseitigen Vorurteilen gereinigt wurde und sich zu einer dauerhaften Freundschaft entwickelte.

Sooft wir jetzt in Cecilienhof in Potsdam weilten, stand unser Haus all den Menschen offen, die sich uns in echter und wahrer Zuneigung näherten. Auch wir hatten ja nun nichts anderes mehr zu vergeben als unsere aufrichtige Freundschaft. Und ich muß sagen, es kamen viele und besonders auch, was uns die größte Freude war, junge Menschen zu uns. Vom Theater sahen wir außer Max Reinhardt und seiner ersten Frau, der Schauspielerin Else Heims, die uns beide bereits seit langen Jahren nahestanden, häufig auch Frieda Leider und Max Lorenz bei uns zu Gast. Daß Fritzi Massary eines Tages, als sie in der Loge meinen Mann entdeckte, auf offener Bühne einen tiefen Hofknicks machte, konnte nur der mißdeuten, der unser gutes Verhältnis zu den Schauspielern und Schauspielerinnen nicht kannte.

Der Musik waren wir beide sehr zugetan. Allerdings war mein Mann nur selten zu bewegen, ein öffentliches Konzert von längerer Dauer zu besuchen; es machte ihn einfach nervös, wenn er eine Zeitlang nicht rauchen konnte. Doch liebte er um so mehr unsere Hauskonzerte, auf denen er, wie schon erwähnt, gelegentlich mitmusizierte. Das Klingler-Quartett, Georg Kulenkampff, Wilhelm Backhaus, Elly Ney, Professor Kemp – sie alle haben in festlichen Stunden mit ihrem großen Können dazu beigetragen, uns die Hauskonzerte zu starken, unvergeßlichen Erlebnissen zu machen. Auch Wilhelm Furtwängler war häufig Gast in Cecilienhof.

Jedes Jahr einmal veranstalteten wir in Cecilienhof einen großen Empfang, zu dem wir unsere Freunde einluden, darunter auch zahlreiche Künstler, wie Ralph A. Roberts, Curt Goetz und Frau, Ralph Benatzky und Frau, Heinz Rühmann, Georg Alexander. Der leider früh verstorbene Georg Alexander konnte in treffender Weise den Kronprinzen imitieren, zum größten Entzücken meines Mannes.

Auf einem dieser Feste war es, als Heinz Rühmann plötzlich verschwand. Nach langem Suchen fand mein Mann ihn in einem entlegenen Raum auf den breiten Kissen eines alten großen Renaissancebettes liegen. Das heißt, er hatte sich, um nicht erkannt zu werden, unter einem großen Bild verborgen, das er von der Wand genommen und über sich gedeckt hatte. Als mein Mann das Bild aufhob, machte Rühmann eine abwehrende Geste, als wolle er damit sagen, daß er des Treibens müde sei. Wie rasch er jedoch wieder in die Gesellschaft zurückgebracht war, brauche ich wohl nicht zu sagen.

Es ist schwer, einen Begriff von der Fröhlichkeit meines Mannes zu geben. Sie war eben eine seiner Grundlagen, und sein ganzes Wesen war von ihr durchdrungen. Es ist beinahe überflüssig zu sagen, daß er auch gern fröhliche Gesichter um sich sah. Im intimen Kreise, bei guter Stimmung, konnte sich seine Fröhlichkeit zu ausgelassenster Laune steigern. Er brauchte dazu nicht einmal Alkohol; überhaupt trank er sehr mäßig, meistens ein wenig Sekt, und auch den gewöhnlich noch verdünnt. Aber es bereitete ihm große Freude, wenn er seine Gäste dazu bringen konnte, über den Durst zu trinken. Ich vergesse nicht, mit welch bübischer Heiterkeit mein Mann seinem guten Freund, dem Präsidenten des Reichsarchivs, Professor W. Förster, einem ausgezeichneten Weinkenner, die besten und schwersten Weine seines Kellers vorsetzen und ihn dann in der liebenswürdigsten Unaufdringlichkeit zwingen konnte, die Flasche ganz allein zu leeren.

Dabei war gerade Professor Förster einer seiner ernstesten Diskussionspartner. Das tiefgründige Wissen dieses hochgebildeten Mannes gab den Gesprächen über Literatur, Geschichte, Kriegswissenschaft ein sehr hohes Niveau. Viele gemeinsame Reisen, zum Beispiel nach Italien, und auch Theaterbesuche vertieften noch die Freundschaft zwischen meinem Mann und Professor Förster, der eine Zeitlang, während meines Mannes Verbannungszeit, auch unsere ältesten Söhne in Geschichte und Kriegswissenschaft unterrichtete.

»Ich suche die Wahrheit.« Dieser Satz, mit dem mein Mann eines seiner Bücher betitelte, galt ihm auch als Richtlinie bei allen jenen ernsten Diskussionen, die er mit Professor Förster und anderen Freunden bis zuletzt zu führen pflegte. In seiner Wahrheitssuche war er unerbittlich. Die Ansicht eines anderen, auch wenn sie gegen ihn selbst gerichtet war, achtete er so sehr, daß er sich zu ihrem Verteidiger machte, wenn er sich von ihrer Richtigkeit überzeugt hatte. Wollte er aber jemand umstimmen, so tat er es auf eine heiter-liebenswürdige, jedermann bezwingende Art. Auch wenn er einmal eine Bitte abschlug, klang diese Ablehnung aus seinem Munde liebenswürdiger als ein Ja aus dem Munde eines anderen. Fühlte sich mein Mann bei einem Thema als nicht sachverständig genug, so war er in seinem Urteil sehr zurückhaltend. Er hütete sich vor allzu impulsiven oder auch verallgemeinernden Urteilen. »Wenn ich mir überhaupt ein Urteil anmaßen darf« – wie oft habe ich diesen Satz aus seinem Munde gehört.

Nicht alle Freunde meines Mannes habe ich kennengelernt. Und doch wußte ich, wen er meinte, wenn er – in der Zeit der Arbeitslosigkeit – manchmal verspätet von einer Fahrt nach Berlin heimkehrte und mich mit den Worten begrüßte:

»Heute habe ich wieder meine Freunde getroffen.«

Diese Freunde waren ein paar Arbeitslose, die er hin und wieder unterwegs auf der Straße antraf. Und in der Tat: diese Männer waren seine Freunde. Sie kannten ungefähr die Zeit, in der er von Potsdam abzufahren pflegte, und erwarteten ihn immer an einer bestimmten Stelle der Landstraße. Gewöhnlich saßen sie am Straßenrand beim Kartenspiel. Wenn sein Wagen in Sicht kam, winkten sie meinem Mann zu und riefen:

»Wilhelm, halt an!«

Auf diesen ihm schon vertrauten Anruf stoppte er seinen Wagen, stieg aus und begrüßte einen jeden der Wartenden; er kannte sie alle. Zunächst einmal leerte er sein Zigarettenetui. Dann sah er ihnen beim Kartenspiel zu. Da keiner dieser arbeitslosen Männer einen Pfennig übrig hatte, mußte mein Mann alle Geldeinsätze stiften. Es sprach sich natürlich bald herum, daß man hier ohne Einsatz Geld gewinnen konnte, und die Zahl der Freunde wurde größer.

Die Beseitigung der Arbeitslosigkeit ist das einzige gewesen, was mein Mann in der ersten Zeit Hitler zugute gehalten hat, und dies wirklich auch nur in der ersten Zeit. Im übrigen stand er dem Nationalsozialismus ablehnend gegenüber; in seinen Parolen widersprach er zu sehr dem unpathetischen Wesen meines Mannes und in seinen Methoden seinem Geschmack und seinem Wirklichkeitssinn. Er hat niemals seinen Bruder Prinz August Wilhelm verstehen können, der in seiner Begeisterung für das Hitlerregime dem Einfluß der Parteiorgane unterlag und von ihnen mißbraucht wurde. Eines Tages wurde erzählt, daß Prinz August Wilhelm mit der Sammelbüchse in der Hand klappernd durch die Straßen Berlins gezogen sei. Bei dieser Gelegenheit, so wurde weiter berichtet, habe ein älterer Herr eine Spende in die Büchse gegeben, was Prinz August Wilheim mit einem »Heil Hitler!« dankend quittiert habe. Darauf soll der alte Herr den Arm zum Gruß erhoben und »Heil Hohenzollern« gesagt haben. Die Geschichte, mochte sie wahr sein oder nicht, empfand mein Mann als außerordentlich peinlich. »Geschieht ihm ganz recht!« – das war alles, was er dazu sagte.

Hitler selbst äußerte lange vor 1933 einmal den Wunsch, meinen Mann zu besuchen. Eines Tages meldete er sich in Cecilienhof an. Er hatte in Berlin an irgendeiner Parteiveranstaltung teilgenommen und kam, da er damals ohne eigenen Wagen war, in einer Taxe herausgefahren. Beim Entlohnen des Fahrers mußte er wohl feststellen, daß er nicht genug Geld bei sich hatte, denn er lieh sich beim Kammerdiener meines Mannes fünf Mark. An diese Schuld erinnerte er sich erst, als er im Begriff war, wieder wegzugehen; diesmal lieh er sich die fünf Mark, um sie dem Kammerdiener zurückzugeben, beim Hauptmann Röhm, der an diesem Tage ebenfalls nach Cecilienhof gekommen war.

Wir empfingen Hitler in der großen Halle von Cecilienhof. Hitler griff nur zu den Radieschen und Gurken und trank Limonade. Hitler ließ im Gespräch die Äußerung fallen, er sehe in der Wiederherstellung der Monarchie die Krönung seiner politischen Tätigkeit.

Mein Mann gab Hitler die einzige ihm mögliche Antwort: »Es stimmt, daß ich einmal Kaiser werden sollte in einem Lande, das im Herzen Europas liegt. Aber jetzt bin ich Privatmann und habe nur Verpflichtungen meinem Hause gegenüber. Wie Sie sehen, trage ich einen Tweedanzug mit Knickerbockern.« Auch in diesem Zusammenhang kann ich nur wiederholen, daß mein Mann es mit seinem Versprechen an die frühere Reichsregierung, sich politisch nicht zu betätigen, immer sehr ernst genommen hat.

So bestand von Anfang an ein sehr kühles Verhältnis zwischen dem Kronprinzen und Hitler. Dennoch hat mein Mann sich nicht gescheut, seine tiefe Besorgnis zu äußern, als er sah, wohin Hitler mit seiner Politik steuerte. Als er im Jahre 1936 mit Ritter von Epp in München zusammentraf und mit ihm voller Sorge die akuten Fragen diskutierte, entfuhr es meinem Mann: »Ich möchte Hitler noch einmal sprechen. Man muß ihm doch die Wahrheit sagen, daß es so nicht geht!«

Nach dieser Aussprache mit Ritter von Epp kam tatsächlich eine Begegnung zwischen meinem Mann und Hitler zustande. Es war eine sehr scharfe, ja laute Auseinandersetzung.

»Ihre Politik ist destruktiv«, warf mein Mann Hitler vor.

Hitlers wütende Antwort lautete: »Und wenn meine Politik auch destruktiv ist, ich kann nicht anders handeln.”

Diese brüske Abfuhr hat jedoch meinen Mann nicht davon abgehalten, im nächsten Jahr einen erneuten Versuch zu machen, Hitler seine Besorgnis zu bekunden. Wieder einmal in München, rief mein Mann von seinem Hotel aus am Obersalzberg an. Hitlers Adjutant Brückner, der das Gespräch aufnahm, bat meinen Mann, einen Augenblick zu warten, bis Hitler an den Apparat gerufen sei. Mein Mann wartete und wartete – jedoch vergebens. Er schrieb nun einen Brief an Hitler mit dem dringenden Wunsch, ihn noch einmal zu sprechen. Der Brief ist nie beantwortet worden. Als er einige Monate später bei einer zufälligen Gelegenheit Hitler begegnete, fragte dieser meinen Mann: »Ich dachte, Sie wollten mich besuchen?« Seinen Zorn beherrschend, gab mein Mann ironisch zurück: »Ich dachte, Sie wollten ans Telefon kommen.« Auf die Frage, ob er den Brief erhalten habe, antwortete Hitler mit Nein.

Wie es den Briefen erging, die man an Hitler schrieb, war uns zur Genüge bekannt. Ein Fall war uns in besonders guter Erinnerung: Frau Sarre, die Gattin des Archäologen Prof. Sarre, in deren Haus Hitler vor 1933 mehrmals zu Besuch war, bemühte sich redlich, sich für einige ins Konzentrationslager eingelieferte Freunde einzusetzen. Sie schrieb an Hitler ein Bittgesuch. Eine Antwort erhielt sie nicht. Als sie Hitler später begegnete, stritt er den Empfang des Briefes ab. Er gab ihr den zynischen Rat, ihre Briefe künftig an seine Haushälterin zu richten; sie würden ihm dann beim Frühstück unter den Teller gelegt. Jetzt schrieb Frau Sarre einen Brief an die Adresse der Haushälterin. Aber auch diesen hat Hitler angeblich nicht erhalten.

Es war kein Wunder, daß auch mein Mann nach dem 20. Juli 1944 zu den Persönlichkeiten gehörte, die der Hitlerregierung verdächtig erschienen. Seine langjährigen ausgezeichneten Beziehungen zu diesen Personen, insbesondere zu Generaloberst Beck, waren Hitler natütlich bekannt. Unser Haus wurde fortan ständig überwacht. Sobald mein Mann mit dem Wagen von zu Hause wegfuhr, erstattete ein auf der Straße postierter Beobachter seine Meldung. Bald darauf sah mein Mann dann einen Wagen hinter sich herfahren, der ihn auf Schritt und Tritt verfolgte. Er traute sich bald kaum noch, das Haus zu verlassen.

Unter den Opfern des 20. Juli befand sich auch meines Mannes früherer Regimentsadjutant Graf Dohna, der ihm stets einer der liebsten Freunde gewesen war. Graf Dohna stand auf Goerdelers Regierungsliste; er war für ein hohes Amt in Ostpreußen ausersehen.

Im Jahre 1934 hat mein Mann einmal, ohne daß er es wollte, einem der Mächtigen in Hitlers Reich eine Anregung gegeben; es war Göring, und die Anregung betraf eine Uniform. Als er bei einem Empfang in der Staatsoper meinen Mann in der Uniform des früheren Seebataillons sah, fragte er ihn: »Was haben Sie da für eine Uniform an?«

»Diese Uniform habe ich mir verdient«, sagte mein Mann, auf Görings Uniformsucht anspielend.

»Sie gefällt mir«, sagte Göring.

»Hoffentlich ahmen Sie sie nicht eines Tages nach«, lächelte mein Mann.

Aber Göring hat sie dennoch nachgeahmt; nach dem Vorbild dieser Uniform entwarf er später den Gesellschaftsanzug für die Luftwaffe.

Wir beide waren sehr große Tierfreunde. Soweit es die Hunde betrifft, muß ich sogar sagen, ausgesprochene

Tierliebhaber. Über unsere Hunde könnte ich ein ganzes Buch schreiben. Hier kann ich mich natürlich nur auf die bemerkenswertesten Vertreter ihrer Gattung beschränken.

Mich begleitet jetzt ständig der treue Cognac, ein Spaniel, dessen drollige Art uns oft zum Lachen brachte. Er scheint genau die Bedeutung der Fotokamera zu kennen. Wenn ein Fotograf kommt, setzt er sich sofort in Positur und wartet, bis er geknipst wird. Es macht ihn traurig, wenn die Kamera sich nicht unmittelbar auf ihn richtet, und dann bringt er es fertig, auf einen Sessel zu springen, um die Aufmerksamkeit des Fotografen auf sich zu lenken.

Seine ganze Verwandtschaft hat es sich übrigens gefallen lassen müssen, mit alkoholischen Namen bedacht zu werden. Einer seiner Halbbrüder heißt zum Beispiel Sherry; er befindet sich in Bremen bei meinem Sohn Louis Ferdinand. Und Cognacs Onkel, der auf den Namen Schnaps hört, ist im Besitz meiner Tochter Cecilie. Sie hat ihn nach Texas mitgenommen. Ich höre, er soll auch bei den Amerikanern sehr beliebt sein. Wie sie zwar seinen Namen aussprechen, weiß ich nicht. Vielleicht haben sie ihn inzwischen in Whisky umgetauft, denn auch Whisky hat ja schließlich eine braune Farbe.

Ich bekomme in der letzten Zeit häufig besorgte Briefe, die sich nach dem Schicksal des Schäferhundes Argo, des letzten Lieblingshundes meines Mannes, erkundigen. Offenbar besteht die Meinung, daß der Hund herrenlos in Hechingen umherlaufe. Das ist natürlich nicht der Fall. Er ist auf Schloß Sigmaringen in guten Händen. Allerdings kann ich mir sehr wohl erklären, wie diese seltsamen Gerüchte entstanden sind. Nach dem Tode meines Mannes war Argo völlig verändert; er war nicht mehr im Zimmer festzuhalten, sondern strich in seiner Verlassenheit tagelang ums Haus. Doch darauf komme ich später noch zu sprechen.

Während unserer Reisen im Jahre 1911 begleitete uns auf Schritt und Tritt der kleine schwarzbraune Terrier mit Namen Trick. Gerade das Reisen schien Trick besonders zu gefallen. Sobald der Kammerdiener die Koffer zu pakken begann, mochten es auch noch drei Tage bis zur Abreise sein, war Trick nicht mehr vom Gepäck wegzubringen. Man mußte ihm sogar das Futter neben die Koffer stellen. Offenbar hatte er Angst, nicht mitgenommen zu werden. Unterwegs blieb er uns ständig auf den Fersen. Wenn wir ihn einmal allein lassen mußten, war er unglücklich. Oft wußte er sich aber auch zu helfen. Als wir in Rom vom König empfangen wurden, ging plötzlich die Tür auf. Wir trauten unsern Augen nicht: es war Trick, der auf uns zustürzte. Einmal ist er uns zwar auch davongelaufen. Das war in London, wo wir während der Krönungsfeierlichkeiten im Buckinghampalast wohnten. Es war uns um so peinlicher, als damals kein Hund mit nach England gebracht werden durfte und wir diese Bestimmung aus Liebe zu Trick umgangen hatten. Die Londoner Polizei hat sich dennoch die größte Mühe gegeben, uns Trick wiederzubringen. Sie fand ihn weit entfernt vom Buckinghampalast, in Wimbledon.

Von seiner Indienreise hatte mein Mann zwei australische Windspiele mitgebracht. Es waren sehr schöne, aber auch wilde, unbändige Tiere. Wir hatten unsere liebe Not mit ihnen; gleich Raubtieren fielen sie jeden anderen Hund an. Dennoch mochte sie mein Mann sehr gern, legte sogar, da es ein Paar war, eine ganze Zucht an.

Nicht minder unbändig war ein Barsoi, den wir aus Rußland bekommen hatten. Seiner Wildheit ist leider auch unser guter kleiner Spitz Piccolo zum Opfer gefallen. Der Barsoi überfiel den ahnungslos in seinem gewohnten Sessel liegenden Piccolo und biß ihn tot. Ich war darüber besonders traurig, denn der kleine weiße Spitz war mein Lieblingshund gewesen. Mein Mann hatte ihn mir während unserer Brautzeit zum Geschenk gemacht. Ich weilte damals in Florenz. Eines Morgens trat der Kronprinz in mein Zimmer; in der einen Hand trug er einen Blumenstrauß, in der andern den weißen Spitz. Er hatte ihn in Italien gekauft; daher auch der Name Piccolo.

Aus Indien stammten auch die zwei kleinen Bulldoggen, die im Jahre 1911 den Anlaß zu einer langen Kontroverse zwischen den Hofmarschallämtern in Wien und Berlin gegeben haben.

Auf der Heimreise von Italien waren wir zu einem kurzen Besuch am kaiserlichen Hof in Wien abgestiegen. Übrigens muß ich hier noch einmal Trick erwähnen: Wieder kam er gerade in dem Augenblick zu uns, als wir der kaiserlichen Familie gegenübertraten. So machte er auch diesen offiziellen Empfang mit.

Doch nun die Geschichte mit den Bulldoggen. Eines Morgens suchte der österreichische Außenminister Graf Berchtold den Adjutanten meines Mannes, Fritz von Zobeltitz, und meinen Kammerherrn von Behr in ihrer Wohnung auf, um jedem von ihnen einen Orden zu verleihen. Die beiden jungen Herren lagen noch im Bett, als Graf Berchtold erschien, was in der sehr förmlichen Wiener Atmosphäre gewiß als eigenartig empfunden wurde. Nun, sie empfingen dennoch ihre Dekorationen: der Graf heftete sie ihnen an ihre Nachthemden. Unterdessen aber hatten sich die beiden kleinen Bulldoggen des im Vorzimmer auf einem Stuhl liegenden Zylinderhutes des Grafen bemächtigt und ihn in Stücke zerrissen.

Graf Berchtold ging schweigend weg. Doch nachher gab es dann eine monatelange Schreiberei, bei der sich die beiden Hofmarschallämter um die Frage stritten, wer den Hut zu bezahlen habe. Nun wohl, schließlich haben wir dann den Zylinder des Grafen Berchtold bezahlt.

KINDER UND ENKEL
WILHELM UND LOUIS FERDINAND

Neulich fiel mir eine alte Postkarte in die Hand, die vor fünfunddreißig Jahren in ganz Deutschland verbreitet war. Sie zeigt auf der Bildseite unsere beiden ältesten Söhne, Prinz Wilhelm und Prinz Louis Ferdinand, beim Soldatenspiel. In weißen Uniformen und hohen Stiefelchen stehen sie, der eine mit geschultertem Gewehr, der andere mit gezücktem Degen, vor einem kleinen schwarzweißen Schilderhaus. Darunter steht:

»Ablösung vor!«

Soldat zu sein, war früher einmal für alle preußischen Prinzen eine Selbstverständlichkeit. Nach altem Herkommen mußten sie schon im Kindesalter in die Armee eintreten. In ihrer Erziehung stand der Militärgouverneur neben dem Lehrer. Unsere beiden Ältesten – Prinz Wilhelm wurde 1906, Prinz Louis Ferdinand 1907 geboren – sind zu Anfang noch in dieser alten Tradition erzogen worden. An ihrem zehnten Geburtstag wurden sie in die Armee eingestellt.

Ich muß allerdings sagen, daß sie nicht beide gleich begeistert waren für das Soldatische. Während Wilhelm schon frühzeitig eine ausgesprochene Begabung für militärische Dinge zeigte, fühlte sich Louis Ferdinand von jeher mehr zu künstlerischer Betätigung hingezogen. »Du wirst niemals ein guter Soldat werden!« mußte sich Louis Ferdinand häufig von seinem Bruder sagen lassen, wenn er es etwa vorzog, »Indianer« zu spielen, statt sich in Wilhelms Kinderarmee einreihen zu lassen. Auch später, als sie älter waren, beteiligte sich Louis Ferdinand nur sehr ungern an Ausmärschen und Geländeübungen; viel lieber blieb er zu Hause und spielte Geige, Klavier oder Flöte.

KRONPRINZ WILHELM MIT CECILIE UND DEM PRINZEN WILHELM, 1906

Mir fällt hier ein köstlicher Ausspruch Louis Ferdinands aus jener Zeit ein, mit dem er sich selber treffend charakterisiert hat. Während der Verbannungszeit meines Mannes gab Professor Förster, Präsident des Reichsarchivs, unsern beiden ältesten Söhnen einmal wöchentlich Unterricht in Geschichte und Kriegswissenschaft. Dabei wurden gelegentlich vor Sandkästen oder an Hand von Lagezeichnungen leichte militärische Aufgaben gestellt. Einmal war folgende Lage zugrunde gelegt worden: Man steht einem stark überlegenen Feinde gegenüber; wie verhält man sich? Louis Ferdinands prompte Antwort lautete: »Man zieht sich so rasch wie möglich zurück, und zwar durch exzentrische Rückzugsbewegungen!«

Wir haben noch oft über diesen Ausspruch lachen müssen.

Im Gegensatz zu Louis Ferdinand fand Wilhelm für die ihm gestellten Aufgaben fast immer Lösungen, die eine überraschend sichere Urteilskraft in militärischen Dingen verrieten. Seine Entschlüsse waren klar und wohl durchdacht. Und nicht nur die Theorie interessierte ihn; er besaß auch sehr viel Sinn für die praktische militärische Ausbildung, machte sich früh Gedanken über die bestmöglichen Formen der Menschenbehandlung.

In Prinz Wilhelm prägte sich also sehr deutlich die hohenzollernsche Militärbegabung aus. Er war eben mit Leib und Seele Soldat. Ich sagte schon einmal, daß er uns mit seiner einfachen, unkomplizierten Wesensart oft an seinen Urgroßvater, Kaiser Wilhelm I., erinnert hat. Ihm und uns war es darum sehr schmerzlich, daß es ihm nach dem ersten Weltkrieg verwehrt war, seiner Neigung zu folgen und Soldat zu werden. Eine teilweise Entschädi-

HOCHZEIT DES ÄLTESTEN SOHNES PRINZ WILHELM VON PREUSSEN
MIT DOROTHEA VON SALVATI AM 3. JUNI 1933

gung fand er in seiner Betätigung im Wehrsport, in der Leichtathletik und in der Fliegerei. Mit neunzehn Jahren trug er bereits das deutsche Turn- und Sportabzeichen.

Ohne seinen Willen führte Wilhelms große soldatische Passion im Herbst 1926 zu einer politischen Krise. Mein Sohn wurde damals vom Stab des Infanterieregiments Nr. 9 eingeladen, als Gast und Zuschauer an den Herbstmanövern der Reichswehr teilzunehmen. Daran war nichts Ungewöhnliches, denn auch andern Offizieren der alten Armee wurde die Gelegenheit gegeben, an den Manövern der Reichswehr als Zuschauer teilzunehmen, und Prinz Wilhelm war nach den geltenden Bestimmungen als Leutnant a. D. des alten Heeres anzusehen. Aber seine Anwesenheit wurde damals von der Linkspresse als Provokation ausgelegt. Die »Liga für Menschenrechte« erstattete sogar Anzeige gegen ihn wegen unberechtigten Tragens einer Leutnantsuniform. Das Gericht mußte jedoch feststellen, daß mein Sohn bei dem Manöver weder eine Leutnantsuniform noch irgendwelche Reichswehrabzeichen getragen hatte, so daß er freigesprochen wurde. Doch kam seine Zuschauerrolle dem damaligen Chef der Heeresleitung, Generaloberst von Seeckt, teuer zu stehen. Es wurden so schwere Vorwürfe gegen ihn erhoben, daß er seinen Abschied nehmen mußte.

Nach bestandenem Abitur studierte Wilhelm zunächst in Bonn, später in Königsberg, wo er auch sein Examen machte. Während seiner Bonner Zeit lernte er Dorothea von Salviati, seine spätere Gattin, kennen. Gleich seinem Vater und seinem Großvater, die beide im Korps »Borussia« aktiv gewesen waren, wurde auch Prinz Wilhelm Bonner Borusse. Er machte sich damals in der Studentenschaft als guter Säbelfechter einen Namen.

Der Soldat, der nicht Soldat sein durfte, wurde dann Landwirt, als er sein Studium in Königsberg beendet hatte. Nach einer praktischen Ausbildung in der Neumark und in Oberschlesien übernahm er das Gut Klein-Obisch bei Glogau.

Und doch sollte auch für ihn die Stunde kommen, in der er sich als Soldat zu bewähren hatte: er nahm als Oberleutnant und Kompanieführer am Zweiten Weltkrieg teil. Er hielt seine Teilnahme am Krieg, wiewohl er Hitler stark ablehnte, ganz einfach für seine vaterländische Pflicht. Und in der Erfüllung dieser Pflicht fand er seinen Tod. Im Frankreichfeldzug wurde er am 23. Mai 1940 schwer verwundet und erlag am 26. Mai seinen Verletzungen. Drei Tage später bestatteten wir ihn im Beisein vieler tausend Menschen im Antiken Tempel in Potsdam. Diese große Anteilnahme empfand Hitler als eine monarchistische Demonstration. Die Folge war sein Befehl, zunächst alle kaiserlichen und dann alle deutschen Prinzen aus der kämpfenden Truppe herauszuziehen und später aus der Wehrmacht zu entlassen.

In den düsteren Tagen des Zusammenbruchs war es mir eine besondere Genugtuung, meine Schwiegertochter Dorothea mit ihren reizenden, wohlerzogenen Kindern noch einmal in Cecilienhof bei mir zu haben. Ihr und ihren vaterlosen Kindern hatte nach dem Soldatentod unseres ältesten Sohnes unsere doppelte Liebe gegolten. Es bewegte meinen Mann immer tief, daß sich in Felicitas die Züge unseres gefallenen Ältesten so stark ausprägten. Die Gegenwart von Dorotheas Töchtern machte ihn stets froh und glücklich, und wiewohl er im allgemeinen Kinder nicht allzulange um sich haben konnte – hier war es genau umgekehrt, ein Besuch von Felicitas und Christa konnte ihm nicht lang genug dauern. Noch kurz vor seinem Tode hatte er die Freude, sie einige Tage bei sich zu sehen.

Als ich 1947 Dorothea in der Nähe von Hamburg besuchte, schmerzte es mich, sie und ihre Kinder als Flüchtlinge in solch beengten Verhältnissen zu erleben. Doch meine Schwiegertochter hatte eine andere Auffassung: »Gewiß ist es eine harte Schule für die Kinder«, sagte sie, »aber auch eine gute Lehre für ihr künftiges Leben.« Dennoch weiß ich, daß sie mit unverminderter Sehnsucht an ihrer niederschlesischen Heimat hängen. Seit die kleine Familie in Bonn lebt, ist für die beiden Kinder zumindest eine gute Schulbildung gesichert. Beide wollen ihr Abitur machen: Felicitas mit ihrer ausgesprochenen praktischen Begabung und ihrer großen Liebe zum Lande das hauswirtschaftliche, Christa das wissenschaftliche.

Als Prinz Louis Ferdinand im Mai vorigen Jahres in Madrid mit einem Konzert eigener Kompositionen einen großen Erfolg errang, schrieb die spanische Zeitung »ABC« über ihn: »Es gibt nur wenige Menschen, die so intensiv gelebt und die vielen radikalen Schicksalswandlungen so mutig bestanden haben. Und noch weniger Menschen gibt es, die aus solcher Erfahrung gelernt und sich jene großzügige Menschlichkeit angeeignet haben, die von diesem Prinzen ausstrahlt.«

Daß gerade in Spanien diese Worte über meinen nunmehr ältesten Sohn geschrieben wurden, dürfte für ihn eine Genugtuung gewesen sein. Denn mit Spanien begann für ihn das, was die Zeitung sein »intensives Leben« nannte. Spanien war für ihn sozusagen das Tor in die weite Welt gewesen, das erste Ziel seiner Unternehmungslust.

Die spanische Welt zog ihn schon an, als er noch ein Junge war. Daß der letzte König von Spanien sein Pate war, spielte dabei eine geringere Rolle als eben Louis Ferdinands Unternehtnungsgeist und seine künstlerische Veranlagung, der eine so romantische Welt wie die spanische in vieler Hinsicht entgegenkam. Schon als Schüler begann er, Spanisch zu lernen, und das mit einem Eifer, daß er ganze Nächte darauf verwandte. Aus Sorge, er könne sich überanstrengen, haben wir ihm anfangs verboten, Spanisch zu lernen. Als wir dann sahen, daß Verbote nichts nützten, ließen wir ihm Unterricht geben. Heute spricht er Spanisch wie seine Muttersprache.

Es war erstaunlich, mit welcher Zähigkeit Louis Ferdinand das Ziel verfolgte, auf das er sich nun einmal konzentriert hatte. Aus Gesellschaften, Tanzen, studentischem Korpsleben machte er sich nichts; er sah in alledem eine Zeitvergeudung. Dafür verkehrte er viel mit Künstlern und Schriftstellern, vor allem Musikern, denn neben den Sprachen war die Musik seine große Leidenschaft. Ganz besonders pflegte er den Verkehr mit spanischen und südamerikanischen Diplomaten, die er in Berlin in der Zeit seines Abiturientenexamens kennenlernte. Wie ernst er es mit seiner Schwärmerei für Spanien nahm, ging uns erst auf, als er uns nach Ablegung des Abiturs verkündete, nach Spanien zum Besuch seines Patenonkels, König Alfons, reisen zu wollen. Da seine Unternehmungslust stärker war als unsere Bedenken, machte er damals seine erste Reise nach Spanien. Das Reisegeld hatte er sich von seinem Großvater, dem Kaiser, geben lassen.

Die Briefe, die uns Louis Ferdinand damals aus Madrid und Sevilla schrieb, waren voll von jugendlicher Begeisterung. Kein Wunder, es war ja für ihn ein ungeheueres Erlebnis, die Erfüllung jahrelanger Träume, die erste Begegnung mit der weiten Welt, nach der sich sein Jungenherz so sehr gesehnt hatte. Und da so der erste Schritt getan war, wagte Louis Ferdinand auch gleich den zweiten: den Sprung über den Ozean. Von Spanien aus reiste er auf einem kleinen Lloyddampfer weiter nach Buenos Aires, um auch, die andere Seite der spanischen Welt kennenzulernen.

Dieser Aufenthalt in Argentinien sollte für meinen Sohn, oder besser gesagt für sein Studium, von entscheidender Bedeutung sein. Was ihm nämlich in Argentinien besonderen Eindruck machte, waren seine Besuche der deutschen Siedlungen. Sie regten ihn zu Vorträgen an, die er nach seiner Rückkehr in Potsdam hielt, und gaben ihm auch das Thema für seine künftige Doktorarbeit. »Theorie der Einwanderung, dargestellt am Beispiel Argentiniens« – so lautet die Dissertation, mit der er im März 1929 nach seinem Universitätsstudium in Berlin und Bonn zum Dr. phil. promovierte.

Er bestand übrigens sein Doktorexamen »cum laude«, ein Erfolg, mit dem er ganz besonders dem Kaiser eine große Freude bereitete. Ohnehin bestand zwischen Großvater und Enkel ein inniges Verhältnis. Der Kaiser liebte Louis Ferdinand. Und für Louis Ferdinand war der Kaiser, den er weder als Monarchen noch als gestrengen Papa kannte, der gütige Großvater, der für die kleinen und großen Wünsche seines Enkels allezeit ein offenes Herz und ein offenes Portemonnaie hatte. Für das gute Examen erhielt denn auch Louis Ferdinand von seinem kaiserlichen Großvater eine besondere Belohnung: das Reisegeld für Amerika. Und damit begann das zweite große Abenteuer meines reiselustigen Sohnes.

Außer dem Reisegeld hatte aber der Kaiser meinem Sohn noch etwas mitgegeben, das vielleicht noch wichtiger war: einen Empfehlungsbrief an seinen alten Freund Poultney Bigelow. Mit Poultney Bigelow, dessen Vater amerikanischer Botschafter bei Napoleon III. gewesen war und später in Berlin mit Kaiser Friedrich eine enge Freundschaft unterhielt, war der Kaiser seit früher Jugend bekannt. Der achtzigjährige Bigelow nahm sich denn auch meines Sohnes väterlich-freundschaftlich an. Vor allem machte er ihn mit zwei der bedeutendsten Amerikaner bekannt: mit Franklin D. Roosevelt und mit Henry Ford.

Zu seinem Antrittsbesuch bei Roosevelt, der damals – es war im Jahre 1929 – Gouverneur des Staates New York war, fuhr Louis Ferdinand in einem alten, ratternden Fordwagen, mit dem er beinahe noch den Gartenzaun eingerannt hätte – zum Ergötzen der Familie Roosevelt. Louis Ferdinand wurde aufs freundlichste aufgenommen. Roosevelt sprach dann mit meinem Sohn ausführlich über die Grundzüge der amerikanischen Verfassung.

Zu Henry Ford aber fuhr Louis Ferdinand nicht in einem alten Fordwagen, auch nicht in einem neuen, nicht einmal im Pullman, sondern auf einer – Lokomotive. Er wollte Amerika auf keinen Fall als Vergnügungsreisender erleben. Die Erlaubnis zu dieser Lokomotivfahrt erhielt er durch die Vermittlung von Poultney Bigelow von dem Präsidenten der Eisenbahngesellschaft.

Dieser erste Besuch bei Henry Ford ist einer der stärksten Eindrücke gewesen, die Louis Ferdinand in Amerika empfangen hat. Aus seinen begeisterten Briefen, die er uns damals schrieb, ist mir noch deutlich in Erinnerung, wie sehr ihm die natürliche, ungezwungene Art Henry Fords gefiel. Es war ihm, als habe er ihn schon immer gekannt. Ford wollte von Louis Ferdinand viel über Deutschland wissen. Überraschenderweise flocht er einige Redewendungen in ausgezeichnetem Deutsch in die Unterhaltung ein. Als er meines Sohnes erstauntes Gesicht sah, meinte er lächelnd: »Sie möchten wohl wissen, woher ich meine deutschen Kenntnisse habe? Unsere Nachbarn, die auf der Farm neben uns wohnten, waren nämlich deutscher Herkunft. Ich glaube, sie hießen Wagner, und von ihnen habe ich mein Deutsch gelernt.«

Als sich Louis Ferdinand am Abend von Henry Ford verabschiedete, hatte er viele großartige soziale Einrichtungen der Fordwerke gesehen, nur nicht die Fabrik selbst. Er sagte es seinem Gastgeber. Henry Ford gab ihm schmunzelnd die Antwort: »Wenn Sie die Fabrik unbedingt sehen wollen, können Sie es ja morgen noch tun. Aber so furchtbar wichtig ist das nicht.«

Und doch hatte der »nicht so furchtbar wichtige« Besuch der Fabrik am nächsten Morgen für Louis Ferdinand eine sehr wichtige Folge. Einige Zeit später trat er als Mechaniker in die Fordwerke ein. Er erhielt einen Anfangslohn von sechs Dollar und arbeitete mehrere Jahre lang täglich acht Stunden am Fließband. »Mister Preußen« nannten ihn seine Arbeitskollegen, und mit einem von ihnen, dem Iren McCoy, teilte er seine Wohnung. In diesen harten Jahren, als Arbeiter unter Arbeitern lebend, erwarb sich Louis Ferdinand die gründlichen Kenntnisse im Autowesen, die ihm nach dem letzten Krieg erlaubten, die Fordvertretung für Bremen zu übernehmen.

In Amerika legte Louis Ferdinand damals auch seine Pilotenprüfung ab. Einer seiner Flüge war seinerzeit Tagesgespräch in den Vereinigten Staaten. Er brachte ein Kind, das lebensgefährlich erkrankt war, von einem abge-

HOCHZEIT DES SOHNES LOUIS FERDINAND PRINZ VON PREUSSEN
MIT GROSSFÜRSTIN KIRA VON RUSSLAND, 3./4. MAI 1938 IN DOORN

legenen Ort in Texas im Flugzeug nach Baltimore ins Krankenhaus. Diesen 2500-Kilometer-Flug machte er in starken Schneestürmen ohne Zwischenlandung und in so kurzer Zeit, daß das Kind noch rechtzeitig in ärztliche Behandlung kam. Louis Ferdinand hatte sich bis dahin den neugierigen amerikanischen Presseleuten immer entziehen können; jetzt aber ging sein Flug durch alle Zeitungen.

Helles Kinderlachen empfängt mich jedesmal, wenn ich heute meinen Sohn in seinem Hause in Bremen besuche. Er ist inzwischen Vater von sieben Kindern geworden, und er liebt sie abgöttisch. Sein größtes Glück bildet für ihn das Leben in der Familie. Im Anblick dieses echten Familienglücks muß ich mitunter innerlich lächelnd an die vielen unsinnigen Gerüchte denken, die über meinen Sohn in Umlauf gebracht wurden: einmal war es eine argentinische Magnatentochter, mit der er sich verlobt haben sollte, ein andermal die Infantin von Spanien, ein drittes Mal die Schauspielerin Lily Daznita. »Mein bester Kamerad ist meine Frau,« pflegt Louis Ferdinand zu sagen, und ich muß ihm darin von Herzen beistimmen. Seine Frau Kira Kyrillowna, Tochter des Großfürsten Kyrill von Rußland aus dem Hause Romanow, versteht es meisterlich, das Haus zu einem wahren Heim zu machen.

Die Fordvertretung hat mein Sohn aufgegeben. Die Angelegenheiten des kaiserlichen Hauses nehmen seine Zeit völlig in Anspruch. Nach dem Verzicht seines Bruders Wilhelm auf die Erbrechte trat Louis Ferdinand im Jahre 1933 die Erstgeburtsrechte an. Seit dem Tode meines Mannes ist er der Chef des Hauses.

In seinen Mußestunden widmet er sich nach wie vor seiner großen Liebe: der Musik. Diese Passion ist es, die mich ihm so besonders verbindet. Doch davon abgesehen, ist er mir wohl auch in seinem Temperament am meisten verwandt. Ich entdecke an ihm oft Züge, die mich an meine russische Großmutter erinnern.

Als ich das erstemal zum Besuch nach Bremen fuhr, hielt ich unterwegs einen Radfahrer an, um mich nach dem Wömbkeshof zu erkundigen. Der Mann sprang vom Rad und strahlte übers ganze Gesicht:

»Sie wollen zum Prinzen? Fahren Sie weiter geradeaus, und wenn sie an ein Haus kommen, aus dem Sie Lachen hören, wo die Kinder lachen und die Mutter lacht, da müssen Sie halten.«

Ehe ich Potsdam verließ, traf noch Hubertus, mein dritter Sohn, mit seiner Frau Magdalene geb. Prinzessin Reuß in Cecilienhof ein – Flüchtlinge auch sie. Einige Wochen vorher hatte mir Hubertus seine damals einjährige Tochter Anastasia gebracht und war dann nach Gut Wildenbruch zurückgekehrt, um trotz des Treckverbots einen Flüchtlingstransport zusammenzustellen. Sein Plan war, mit einer plötzlichen Aktion die nationalsozialistischen Behörden vor die vollendete Tatsache zu stellen. Zweimal drohte ihm die Kreisleitung mit Verhaftung. Als dann dieselbe Kreisleitung sich schleunigst in Sicherheit brachte, als die Russen näherkamen, stellte Hubertus eine Lastwagenkolonne zusammen, die hauptsächlich die Kinder der Nachbarn und Gutsbeamten aufnahm. Zwölf Stunden vor Ankunft der Russen verließen er und seine Frau Gut Wildenbruch, kamen nach Potsdam, um ihr Kind zu holen, und begannen dann ebenfalls den Leidensweg aller Flüchtlinge.

Hubertus hatte Prinzessin Magdalene von Reuß im Herbst 1943 auf einer Hochzeit in Schlesien kennengelernt. Magdalene hatte in Schlesien ihr »Landjahr« gemacht, war nach Kriegsausbruch als Luftwaffenhelferin in die Nachrichtentruppe der Luftwaffe eingetreten und im Herbst 1942 wegen einer Krankheit aus dem Dienst ausgeschieden. Daß ihre Körpergröße von fast 2 Meter haargenau mit derjenigen von Hubertus übereinstimmte, gab auf jener Hochzeit reichlich Anlaß zu Neckereien. Niemand aber konnte damals ahnen, daß die beiden Riesenmenschenkinder drei Monate später selber Hochzeit halten würden.

Prinz Hubertus war damals Hauptmann der Luftwaffe und tat Dienst als technischer Offizier auf dem Fliegerhorst Brieg. Fast an jedem Wochenende besuchte uns das junge Paar in Oels, das nicht weit von Brieg entfernt ist. Gewöhnlich benutzte Hubertus, der leidenschaftliche Jäger, seinen Urlaub, um in den Wäldern von Oels auf die Jagd zu gehen, sehr häufig begleitet von seiner jungen Frau. Im Beisein von Magdalene erlebte Hubertus auch seinen höchsten Jagdtriumph: er schoß an einem jener Tage einen ganz starken Achter, »den Bock seines Lebens«, wie er sich in seiner Begeisterung ausdrückte.

Auf Grund des Prinzenerlasses, mit dem Hitler die von ihm als monarchistische Demonstration empfundene Anteilnahme großer Kreise am Begräbnis meines Sohnes Wilhelm beantwortet hatte, mußte auch Hubertus im Frühjahr 1944 aus der Wehrmacht ausscheiden. Zunächst nur beurlaubt, wurde er später entlassen. Die ganze Art und Weise, mit der dieser Erlaß begründet wurde – Hitler hatte geäußert, das Dritte Reich könne auf den Heldenmut fürstlicher Vaterlandsverteidiger verzichten –, kränkte meinen Sohn tief. Um ihn auf andere Gedanken zu bringen, übertrug ihm mein Mann die Verwaltung unseres Gutes Wildenbruch bei Schwedt a. d. Oder. Hubertus war ohnehin staatlich diplomierter Landwirt, und Magdalene, die von ihren Eltern zu einer tüchtigen Hausfrau erzogen war, hatte in ihrem jungen Leben eine Menge praktischer Erfahrungen gesammelt.

Gut Wildenbruch war damals gerade aus der Pacht gekommen und etwas vernachlässigt. So fand der Bauer Hubertus eine Menge Arbeit vor, und da der Gutsinspektor eingezogen war, führte er mit Magdalene den ganzen Betrieb allein. Er scheute sich auch nicht vor Knechtarbeit, wenn ein Einberufungsbefehl wieder einmal eine neue Lücke gerissen hatte. Im übrigen waren die meisten Arbeiter serbische Kriegsgefangene, mit denen sich Hubertus sehr bald aufs beste verstand. Er besaß eine beneidenswerte Art, zu allen Menschen gleich freundlich und hilfsbereit zu sein und in jedermann zunächst das Wertvolle zu suchen und ihn darauf sofort anzusprechen. Oft genügte ein Blick von ihm oder ein zuversichtliches Kopfnicken oder auch ein herzhaftes Wort, um ihm die Menschen zu gewinnen. Diese Fähigkeiten kamen ihm bei der Erfüllung seiner neuen Aufgabe sehr zugute.

Wir bewunderten Hubertus damals um so mehr, als das Ende des Hitlerreiches und der Verlust der Ostgebiete bereits abzusehen waren und mein Mann ihm auch, als er ihm die Verwaltung des Gutes übertrug, diese Entwicklung als unabwendbar vor Augen gehalten hatte. Auch Hubertus gab sich in dieser Hinsicht keinerlei Täuschung hin; dennoch verlor er kein Wort darüber, sondern sah es als seine Pflicht an, die Arbeit auf dem Gut bis zum letzten Tag auszuführen. Vielleicht war es gerade das Bewußtsein von der bevorstehenden Todesnot jenes Fleckchens Erde, das ihm und seiner Frau diese von Seen und Eichenwäldern geschmückte Landschaft so sehr ans Herz wachsen ließ. Sie näher kennenzulernen, war ihnen jedoch keine Zeit mehr vergönnt. Dazu war die Arbeit zu groß, außerdem war das Haus überfüllt von Bombenflüchtlingen aus Stettin. Dem Verhängnis ausweichend, mit leeren Händen verließen sie Gut Wildenbruch, das einmal ihre Heimat hatte werden sollen.

Wohin nun? Diese Frage mußten sich auch Hubertus und Magdalene stellen. Zunächst kamen sie nach Bad Kissingen. Aber die Kammer, die sie dort mieten konnten, war zu eng, um Eltern und Kind aufzunehmen. Schließlich wandte sich Magdalene an ihren Vetter Otto Friedrich, Fürst von Ysenburg, und bat ihn um Asyl auf seinem Besitz in Büdingen. Hubertus, der immer ein offenes Wort liebte, erklärte dem Ysenburger ergänzend: »Leider kommen wir nicht zu einem gewöhnlichen Besuch; wir werden längere Zeit hierbleiben müssen. Wir haben alles verloren, aber wir werden bei dir genau so fleißig arbeiten wie auf Wildenbruch. Landarbeit ist noch nie jemand zur Schande geworden.«

Schloß Büdingen, das unter Denkmalschutz steht, war nicht von der amerikanischen Armee belegt worden. Da fast alle arbeitsfähigen Männer zu jener Zeit in Kriegsgefangenschaft waren, bildete Hubertus nach dem Einmarsch der Amerikaner Ende März 1945 mit Halbwüchsigen so etwas wie eine Landwirtschaftshilfe. Er selbst machte den Vorarbeiter. Wieder ging es nun jeden Morgen auf die Felder hinaus, bis die Amerikaner den Vorarbeiter Hubertus festnahmen und ihn für drei Wochen ins Kriegsgefangenenlager sperrten. Hubertus hatte es auf seiner Flucht aus Wildenbruch verabsäumt, seinen Wehrmachtentlassungsschein mitzunehmen.

Als er aus seiner kurzen Gefangenschaft zurückkehrte, hatten sich auf dem Gut Büdingen bereits wieder genügend kriegsentlassene Männer eingefunden, so daß sich der Einsatz der von Hubertus gebildeten Landwirtschaftshilfe erübrigte. Er selbst wurde damals zum Treuhänder des Weingutes Reinhartshausen in Erbach am Rhein bestellt. Schloß Reinhartshausen war damals bis zum Dach mit französischen Soldaten belegt, so daß Hubertus' Familie vorläufig noch in Büdingen wohnen bleiben mußte, während er selbst täglich hin und her fuhr. Erst im September 1947 wurde die Übersiedlung nach Reinhartshausen möglich. Wenige Monate vorher war dem Paar die zweite Tochter geboren worden, die Pastor Niemöller, der auch Magdalene konfirmiert hatte, auf den Namen der von Hubertus so verehrten schwedischen Königin Christine taufte.

Hubertus fühlte sich als Weingutsverwalter durchaus wohl, und doch war ein Angebot, wie es ihm mein jüngster Sohn Fritzi im Jahre 1949 machte, gerade für ihn als Landwirt zu verlocken, als daß er nicht sofort eingewilligt hätte: Es handelte sich darum, nach dem ehemaligen Deutsch-Südwestafrika überzusiedeln und dort die Verwaltung von zwei Farmen zu übernehmen, die einmal seinem Großvater, dem Kaiser, gehört hatten. Die Farmen liegen in der Nähe von Windhuk; Fritzis englischer Schwiegervater hatte sie nach dem zweiten Weltkrieg für seinen Schwiegersohn und seine Tochter Brigid zurückgekauft. Geplant war, die auf den Farmen betriebene Zucht von Karakul-Schafen unter Hubertus' Leitung zu erweitern. Hubertus nahm das Angebot sofort an.

In dem kleinen Hause meines Mannes in Hechingen feierten wir zu Silvester 1949 Hubertus' Abschied. Wir ahnten nicht, daß es ein Absdiied für immer sein sollte. Anfang 1950 reiste Hubertus mit seinem Bruder Friedrich nach Windhuk, während die Familie in Reinhartshausen zurückblieb und sich in den glücklichsten Hoffnungen wiegte. Hubertus, der in den letzten Jahren häufig bedrückt gewesen war, schien in Afrika ein neuer Mensch geworden zu sein. Er schrieb frohlockende Briefe: Er habe General Smuts in Kapstadt wiedergesehen, er wünsche sich in Deutsch-Südwest ein ebenso großes Ansehen, wie es sein Bruder Fritzi dort bereits genieße, er male sich die neue Existenz seiner Familie »unter einem unsagbar blauen Himmel« aus und bitte Frau und Kinder, im Juli nachzukommen, da er sich bis dahin als kleiner Hilfsinspektor auf einer anderen Farm einzuarbeiten wünsche.

Am 1. April erreichte uns ein Telegramm, daß Hubertus in Windhuk am Blinddarm operiert worden sei. Magdalene, die von dieser Nachricht sehr beunruhigt war, entschloß sich sofort, zu ihrem kranken Manne zu reisen. Sie telegrafierte meinem Sohn Fritzi nach London, und es gelang ihr, innerhalb vierundzwanzig Stunden trotz der damaligen Ausreiseschwierigkeiten in der englischen Hauptstadt zu sein. Noch vor ihrem Abflug nach London erhielt sie Kenntnis von einem zweiten Telegramm aus Windhuk: meines Sohnes Zustand hatte sich verschlimmert. Von Fritzi begleitet, flog Magdalene nach Windhuk. Sie langten dort am 6. April an. Zwei Tage später starb Hubertus. Eine Bauchfellentzündung, die der Operation gefolgt war, besiegelte sein Schicksal. Mit einem Schlage war alles zu Ende: sein junges Leben, die neue Heimat, die Zukunft seiner kleinen Familie.

Ich empfing die schreckliche Nachricht in Lugano, wo ich damals mit meiner Schwester, der Königin Alexandrine von Dänemark, zur Kur weilte. Meine Schwester saß an meinem Bett und versuchte mich zu trösten. Unser Hotel, die Villa Castagnola, setzte die Schweizer Fahne auf halbmast. Auch der Kronprinz war tief verzweifelt. Ich glaube, es war die Nachricht, die ihm den eigentlichen Todesstoß versetzt hat.

Noch einmal wurde die schmerzende Wunde aufgerissen, als acht Monate später die Urne mit der Asche von Hubertus zur Burg nach Hechingen gebracht wurde. Heute liegen Vater und Sohn im »Offiziersgarten« auf der Burg begraben.

Prinzessin Magdalene lebt mit ihren Kindern noch in Reinhartshausen. Zur Selbstbeherrschung erzogen, trägt sie ihr Leid mit derselben bewundernswerten Kraft, mit der sie aus dem Nichts ihren Kindern ein arbeitsreiches Etwas und die seelische Existenz gerettet hat. Mir greift es ans Herz, wenn ich die jetzt achtjährige Anastasia im rheinischen Tonfall sprechen höre: »Gelt, der Vati ist allein gefahre, weil die Muttis immer bei de Kinner bleibe müsse!«

Es sind für mich glückliche Tage. Ich habe soeben aus England die Nachricht von der Geburt meines jüngsten Enkelkindes erhalten. Meine Gedanken schweifen hin zu den Eltern, zu meinem Sohn Friedrich und seiner Frau Brigid, denen nun endlich das lang ersehnte Mädchen geschenkt wurde, das sie sich zu ihren beiden Jungen Nikolaus und Andreas gewünscht haben.

Meine Gedanken sind nicht ohne Wehmut: mein Mann hing sehr an unserm Jüngsten, »Fritzi«, wie wir Prinz Friedrich in der Familie nennen, und ich bedauere es unendlich, daß er an seiner Freude nicht mehr teilhaben kann. Er verfolgte Fritzis Leben stets mit der größten Anteilnahme, zumal wir ihn seit der Zeit vor dem Kriege zu Hause entbehren mußten. Fritzis Eheschließung mit Lady Brigid Guinness hat uns beide sehr glücklich gemacht. Brigid ist eine kluge, energische, vielseitig interessierte und sehr gut erzogene Frau, die wir sehr rasch liebgewannen.

Sie heirateten im Jahre 1945, zwei Monate nach Kriegsende. Der Pfarrer in dem kleinen Dorf Little Hadham in der englischen Grafschaft Hertfordshire mag sich gewundert haben, als der Polizeivorstand aus dem benachbarten Kreisstädtchen eines Morgens zu ihm kam und ihn im Auftrag des Londoner Innenministeriums bat, dafür zu sorgen, daß nach dem Wunsche der Regierung eine gewisse Hochzeit, die in der kleinen Kirche für die nächste Zeit geplant sei, »ohne unnötiges Aufsehen zu erregen« und möglichst ohne Pressepublizität vollzogen werden möge. Aus dem Aufgebot der beiden jungen Leute wurde der Pfarrer auch nicht viel klüger. Der angehende Ehemann nannte sich George Mansfield, und die Braut, Lady Brigid Guinness, war die jüngste Tochter des Earl of Iveagh, Hauptes zugleich der Familie Guinness und des weltbekannten Dubliner Brauereikonzerns Guinness Son & Co., dessen dunkles starkes Porterbier sich in der ganzen englischsprechenden Welt größter Beliebtheit erfreut.

Allerdings kannte jedermann in der kleinen Gemeinde den schlanken blonden Landwirt George Mansfield; man sah ihn jeden Tag bei der Arbeit auf dem Felde, am Steuer des Traktors oder zu Pferde an der Seite seines Gutsherrn. Man wußte auch, daß er Deutscher war, Zivilinternierter, und seit 1941 auf Ehrenwort zur Ausübung landwirtschaftlicher Arbeit in Freiheit gesetzt; aber da er zurückhaltend, höflich und bescheiden war, mochte ihn jedermann gern. Außerdem war der Krieg gerade zu Ende gegangen.

Warum aber interessierte sich das Innenministerium für die Eheschließung? Die Erklärung war die, daß sich hinter dem Namen George Mansfield ein Hohenzoller, ein Prinz von Preußen: mein jüngster Sohn Friedrich Georg Wilhelm Christoph verbarg. Offenbar hatte das britische Innenministerium die Befürchtung, daß die Eheschließung einer jungen Dame aus großem britischen Hause mit einem preußischen Prinzen in der durch die Kriegspropaganda noch stark entflammbaren Stimmung in England auf heftige Kritik stoßen könne, nicht nur an den unmittelbar Beteiligten, sondern auch an den englischen Behörden, die dem ja nur auf jederzeitigen Widerruf in Freiheit belassenen Zivilinternierten die Heirat erlaubt hatten. So wurde die kirchliche Trauung, die in England zugleich die standesamtliche ist, in aller Stille vorgenommen.

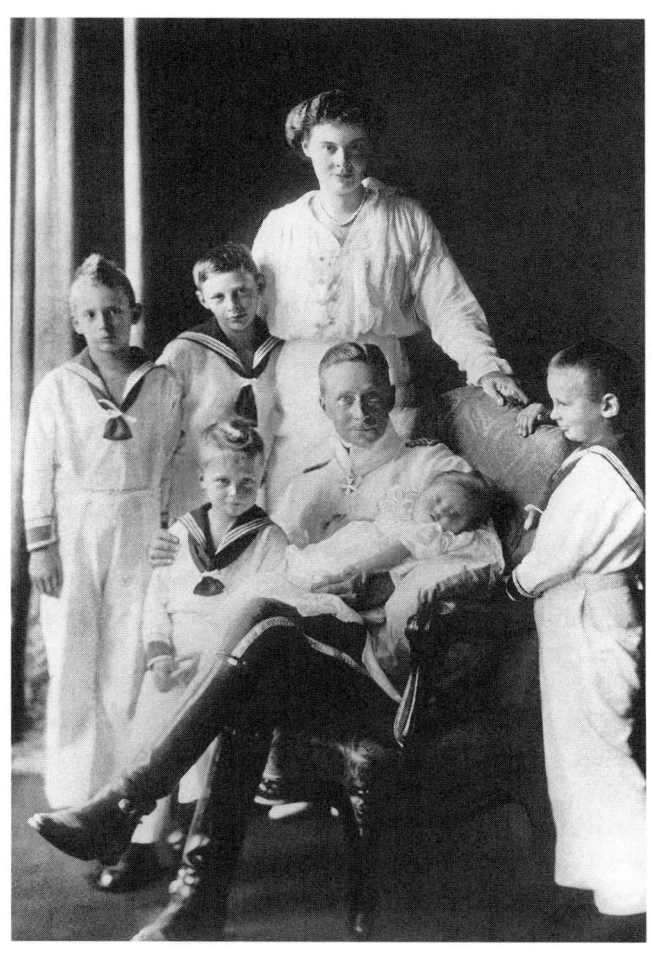

Kronprinz Wilhelm und Kronprinzessin Cecilie mit ihren Kindern:
Louis Ferdinand, Wilhelm, darunter: Friedrich,
Alexandrine und Hubertus, 1915

Wenn aber auch Fritzis Hochzeit mit Brigid im Schatten des kaum beendeten Krieges ohne die äußeren Festlichkeiten begangen werden mußte, die bei Eheschließungen gerade in der englischen Gesellschaft üblich sind, so hat dies dem Glück der Ehe keinen Abbruch getan. Die beiden jungen Leute haben es verstanden, ihr Leben schön zu gestalten. Sie verstehen sich gut, haben gemeinsame Interessen, die sich besonders auf ihre Landwirtschaft konzentrieren, und haben in England und anderswo viele Freunde.

Die Guinness gehören zu den ältesten und angesehensten nordirischen Familien und führen ihre Abstammung auf einen keltischen Stammesfürsten im 3. Jahrhundert zurück. Sie gehörten zu den irischen Familien, die sich mit der britischen Krone nach der Vereinigung mit England gut verstanden. Aber im Jahre 1641 nahm das damalige Haupt der Familie, Lord Iveagh, am Kampf gegen Cromwell und das Commonwealth teil mit dem Ergebnis, daß der ganze Landbesitz der Familie von den »Rundköpfen« kassiert wurde und der Adelstitel verfiel. Im Laufe des 18. und 19. Jahrhunderts nahmen die Geschicke der Familie, die mittlerweile zum Protestantismus übergetreten war, wieder einen Aufstieg, wozu das Aufblühen der der Familie gehörigen Brauerei-Unternehmungen wesentlich beitrug. Mehrere Guinness leisteten dem Staate im Parlament und in hohen Ehrenämtern Dienste, und die Krone ehrte sie dafür durch Verleihung verschiedener Adelstitel, insbesondere durch die Wiederbelebung des alten Familientitels Lord Iveagh, den Brigids Vater als zweiter Earl – das entspricht dem deutschen Grafenrang – trägt.

Seit Jahrhunderten sind die Guiness mit zahlreichen anderen englischen und irischen Adelsfamilien durch Bande des Blutes verknüpft. Brigids beide älteren Schwestern heirateten konservative Parlamentaner. Im Hause des einen Schwagers von Brigid, des Abgeordneten Channon, lernte Fritzi seine zukünftige Frau im Jahre 1937 während eines mehrmonatigen Aufenthalts in England kennen. Der andere Schwager, Mr. Alan Lennox-Boyd, gehört der gegenwärtigen englischen Regierung als Staatsminister im Kolonialamt an.

Ich habe schon gesagt, daß mein Sohn Fritzi zur Zeit seiner Eheschließüng den Namen Mansfield führte und nicht seinen ersten, sondern seinen zweiten Vornamen, Georg, gebrauchte. Das geschah im Einvernehmen mit dem englischen Innenministerium. Während der Kriegszeit hätte sein Auftreten unter unserm Familiennamen naturgemäß zu nie endenden Komplikationen führen müssen.

Fritzi befand sich bei Kriegsausbruch in kaufmännischer Stellung bei der Vertretung des Kalisyndikats in England. Seine Weiterarbeit in einem Betriebe, der mit Kriegsausbruch sofort kriegswichtig wurde, kam für ihn als »feindlichen Ausländer« nicht in Frage. Mit Erlaubnis der englischen Behörden begab er sich zunächst nach Cambridge, wo er als sogenannter »Forschungsstudent« eingeschrieben wurde. Als »Forschungsstudent« werden junge Leute bezeichnet, die nach abgeschlossenem Studium zur Vertiefung ihres Wissens an die Universität zurückkehren, und Friedrich konnte damals auf ein bereits mehrere Jahre vorher mit dem Referendarexamen abgeschlossenes Jurastudium zurückblicken. Er ließ sich unter dem Namen Graf von Lingen immatrikulieren, ein

Name, zu dem er ebenso wie zu dem später angenommenen Mansfeld (anglisiert als Mansfield) berechtigt war, da er zu den in unserer Familie aus vielfacher direkter Erbfolge oder Erbverträgen angesammelten Namen gehört.

Aber lange war seines Bleibens auch in Cambridge nicht. Er fand vorübergehende Unterkunft auf den Landsitzen englischer und schottischer Freunde, unter anderen wiederum bei Brigids Schwager Channon. Nach Hitlers Einfall in Holland und Belgien und dem Zusammenbruch Frankreichs war angesichts der drohenden Gefahr einer deutschen Invasion auf den britischen Inseln die bisherige liberale Behandlung der meisten Deutschen im kriegführenden England zu Ende. Es wurden Tribunale gebildet, welche die Böcke von den Schafen, die gefährlichen Nazis von den als harmlos und anständig angesehenen Deutschen scheiden sollten. Fritzi wurde damals durch den Spruch eines Tribunals von der Internierung ausgenommen.

Aber noch bevor diese Instanz gesprochen hatte, ja selbst lange vor dem Angriff der deutschen Heere im Westen war der Innenminister im Unterhause wiederholt, besonders von Abgeordneten der Linken, mit Fragen bombardiert worden, die Aufklärung darüber verlangten, warum der Enkel des Kaisers noch frei im Lande umherlaufe. In diesen Fragen mischte sich anscheinend soziales Ressentiment mit dem besonderen Gefühl des Mißtrauens, dem Mitglieder unserer Familie bis auf diesen Tag im Auslande noch häufig begegnen und das eine immer noch nicht völlig abgeklungene Auswirkung der »Hangthe Kaiser« - Propaganda des ersten Weltkrieges ist.

Fritzi wurde zunächst bei Liverpool, dann auf der Insel Man interniert und schließlich mit Tausenden von an-

deren deutschen Zivilisten nach Kanada transportiert.
Erst als im Jahre 1941 nach Ausbruch des Krieges in Rußland die Sorge vor einer deutschen Invasion zurücktrat,
wurde er wie viele andere als harmlos Erkannte nach
England zurückgeschickt und unter der Bedingung entlassen, daß er landwirtschaftliche Arbeit leisten würde.

Damals ging Friedrich in die Gegend von Little Hadham, wo er vier Jahre später seine Hochzeit feiern sollte
und auch heute noch ansässig ist. In dieser Zeit war es,
daß er sich George Mansfield nannte. Im vergangenen
Jahre, bald nach dem Tode meines Mannes, entschloß
sich mein Sohn, wieder den Namen eines Prinzen von
Preußen anzunehmen und tat die hierzu erforderlichen
gesetzlichen Schritte. Die amtliche Veröffentlichung löste
allerlei mehr oder weniger sachlich zutreffende Kom-
mentare in der englischen Presse aus. Die Namensände-
rung wurde mit Fragen der Erbfolge oder mit der Absicht
Fritzis, wieder nach Deutschland zurückzukehren, erklärt, während es sich im Grunde um nichts weiter handelte als um die Rückkehr zu dem Namen, der ihm von
Geburt aus zusteht, und den er nur aus den von mir er-
wähnten Gründen während der Kriegszeit nicht ge-
braucht hatte.

Aus der Tatsache, daß mein Sohn seit 1947 die britische Staatsangehörigkeit erworben hat, haben sich nun
gewisse Zweifel über die Form seines Namens ergeben.
Nach englischem Recht bedarf man zur Führung eines
fremden »Titels« einer besonderen königlichen Geneh-
migung. Nach dem Recht der Weimarer Verfassung aber
ist der frühere Titel Prinz nunmehr Bestandteil unseres
Namens. Im übrigen sind sowohl mein Sohn wie meine
Schwiegertochter die letzten, die auf Titel und äußere Eh-

ren besonderen Wert legen. Sie sind moderne Menschen, die ihren Umgang wie mein Mann und ich nicht unter dem Gesichtspunkt längst versunkener höfischer und gesellschaftlicher Anschauungen wählen, sondern die mit beiden Füßen in unserer gegenwärtigen Zeit stehen.

Für England, für englisches Leben und englische Menschen hat Fritzi seit langen Jahren eine große Vorliebe gehabt, und die Tatsache, daß er die Frau seines Herzens in England gefunden hat, mußte natürlich dazu beitragen, seine Verwurzelung in der neuen Heimat zu beschleunigen und zu begünstigen. Ich darf vielleicht auch daran erinnern, daß er ja durch verwandtschaftliche Bande von Geburt an mit England verknüpft war. Seine Urgroßmutter, die Kaiserin Friedrich, war die älteste Tochter der Königin Viktoria. Der Kaiser und König Georg V. waren Vettern; Georg V. war zudem Fritzis Pate.

In der Tat war es Fritzi vorbehalten, als erstes Mitglied der kaiserlichen Familie die offiziellen Beziehungen zu den englischen Verwandten, die der erste Weltkrieg unterbrochen hatte, wiederherzustellen. Natürlich hatten in der Stille gewisse Kontakte bereits früher bestanden, aber Fritzi war das erste Mitglied unseres Hauses, das – es war im Jahre 1934, unser Junge damals 22 Jahre alt – im Buckingham-Palast empfangen wurde. Er wurde von König Georg und Königin Mary mit großer Herzlichkeit aufgenommen. Er war nicht nur in London ihr Gast, sondern sie luden ihn auch während der Regattawoche in Cowes auf die königliche Jacht »Victoria and Albert« ein.

Während seiner Ferien in den Jahren 1934 und 1935 (er studierte damals noch Jura in Berlin) war Fritzi in der Segelsaison zweimal Gast des Oberbefehlshabers der britischen Flotte zur Zeit der Seeschlacht am Skagerrak, Lord Jellicoe. Der Admiral fand an unserm Jungen offenbar Gefallen, er nahm ihn mit an Bord seiner Jacht zum Segeln. Für diesen Sport war Fritzi von jeher begeistert. Lord Jellicoe fand auch den richtigen Ton, einen jungen Menschen anzusprechen. Fritzi kehrte damals voller Begeisterung für den Admiral und dessen Gattin nach Hause zurück. Um so tiefer war er betroffen, als der Admiral einige Monate nach seinem zweiten Besuch unerwartet starb. Es war für Fritzi ein trauriger, aber zugleich stolzer Auftrag, als ihn der Kaiser, der eine hohe Verehrung für den englischen Admiral hegte, als seinen persönlichen Vertreter zu Jellicoes Staatsbegräbnis nach London entsandte. Am Tage des Begräbnisses war Fritzi wiederum Mittagsgast im Buckingham-Palast. Er konnte nicht ahnen, daß er sehr bald erneut und aus einem ihn noch unmittelbarer berührenden traurigen Anlaß nach London zurückkehren sollte: Ende Januar 1936 starb sein Großonkel und Pate König Georg V. Fritzi nahm als Vertreter des Kaisers und unseres ganzen Hauses an den Trauerfeierlichkeiten teil. Tief beeindruckt von diesem Ereignis und besonders von der aufrichtigen Trauer einer ganzen Nation um einen geliebten und verehrten Monarchen kehrte er zurück.

Bei all diesen Besuchen und Ferienaufenthalten wuchs in Friedrich stetig die Zuneigung zu diesem Lande mit seiner freien und doch gebändigten Lebensart, und es liegt auf der Hand, daß er mehr und mehr Vergleiche mit der zunehmenden Gängelei und Unfreiheit in Deutschland zog. Im Juli 1936 besuchte er erneut England, diesmal zusammen mit seiner Schwester Cecilie. Die Königinwitwe empfing unsere beiden Kinder mit großer Herzlichkeit, und wiederum war Fritzi eine Zeitlang Gast von Lady Jellicoe auf der Insel Wight. Im Mai 1937 vertrat er dann die Familie bei der Krönung König Georgs VI.

Mittlerweile hatte sich an seine juristischen Studien die Ausbildung in einer Bremer Bank angeschlossen. Zur Abrundung seiner bankmäßigen Kenntnisse sollte er ein paar Monate lang als Volontär in eine Londoner Bank gehen. Das Bankhaus J. Henry Schroeder & Co. gab ihm die gewünschte Gelegenheit. Es war während dieser Monate im Herbst 1937, daß Friedridi seine zukünftige Frau kennenlernte. Brigid war damals erst 17 Jahre alt.

Alles war soweit gut und erfreulich verlaufen, als ein schriller Mißton daran erinnerte, daß man nicht ungestraft Prinz von Preußen heißen kann. Ein dem linken Flügel der Arbeiterpartei angehöriger Abgeordneter richtete an den Innenminister eine Anfrage, ob und warum diesem »Enkel des Kaisers« Aufenthalts und Arbeitserlaubnis erteilt worden sei und ob der Prinz nicht englischen Arbeitskräften Arbeit und Brot wegnehme. Der Innenminister, es war damals Sir Samuel Hoare, antwortete in sehr korrekter Weise, daß alles durchaus mit rechten Dingen zugegangen und Friedrich kein Entgegenkommen erwiesen worden sei, das nicht auch jedem beliebigen jungen Ausländer, der sich mit englischen Geschäftsmethoden vertraut machen möchte, gewährt würde. Damit war die Angelegenheit sachlich erledigt, aber Fritzi war doch betroffen über die aus den Fragen des Abgeordneten sprechende Engherzigkeit. Übrigens hinderte dieses kleine Intermezzo nicht, daß Friedrich später, nachdem er seine militärische Ausbildungszeit in Deutschland abgeleistet hatte, die kaufmännische Tätigkeit in London übernahm, von der ich schon gesprochen habe.

Die Erlebnisse während des Krieges, die nicht alle, wie man sich denken kann, gerade erfreulich waren, haben Fritzis Zuneigung zu dem englischen Volke nicht zu ändern vermocht. Er ist von der angeborenen Freundlichkeit und Güte, die gerade den Mann aus dem Volke in England charakterisiert, immer wieder beglückt, was ihn nicht hindert, der alten Heimat in Deutschland seine Liebe und Zuneigung zu bewahren. Was vielleicht mit dazu beigetragen hat, ihn so rasch in England heimisch werden zu lassen, ist Fritzis Liebe zum Sport. Er ist ein guter Reiter. Ich erwähnte schon, daß er ein begeisterter Segler ist. Er spielt auch Golf, aber seine Freunde behaupten, daß es mit seinem Spiel nicht weit her sei. Irgend jemand hat gemeint, wenn er nur halb so gut Golf wie das Akkordeon spielen könne, dann wäre alles in Ordnung. Ganz besondere Liebe aber hat Friedrich zum Wintersport. Wenn er sich auf seinem Gut frei machen kann, fährt er gern mit Brigid in die Schweiz zum Skilaufen. Das erinnert mich an einen Schrecken, den er mir einmal in St. Moritz eingejagt hat. Es war, glaube ich, im Winter 1933, und in St. Moritz waren internationale Studenten-Skikonkurrenzen. Ich war mit Fritzi hingefahren. Ich saß auf der Tribüne, während er eine besonders steile Abfahrt machte. Er stürzte und trug einen Oberschenkelbruch davon. Zum Glück war mir nicht bewußt, daß es mein Sohn wär, der zu Fall gekommen war. Ich erkannte ihn erst, als er auf einer Tragbahre an mir vorüber ins Krankenhaus getragen wurde. Fritzi war aber sehr tapfer, und glücklicherweise heilte der Bruch ohne Komplikationen. Für jenen Winter war es natürlich aus mit dem Skisport.

Sehr großes Interesse hat Fritzi für technische Dinge, besonders für das Auto, auch darin seinem Vater ähnlich.

In Cecilienhof stand ein im ersten Weltkrieg erbeutetes englisches Abwehrgeschütz, das im Laufe der Zeit völlig verrostet war. Eines Tages, Fritzi war noch ein Junge, reparierte er das Geschütz, schmirgelte, putzte und ölte es. Strahlend zeigte er uns dann sein Kunstwerk: das Geschütz ließ sich wieder drehen. Als er von seinem Besuch bei Louis Ferdinand in Amerika zurückkehrte, brachte er einen Fordwagen mit, den ihm Henry Ford geschenkt hatte. Diesen Wagen putzte er stets selbst; um ihm das richtige Gewicht zu geben, hatte er das Heck des Wagens mit Sandsäcken gefüllt. Als der Tüftler, der er ist, stellte er mit dem Ford alle nur möglichen Dinge an. Einmal führte er uns sein neuestes Kunststück vor: er ließ den Wagen, nachdem er dem Steuer den richtigen Grad gegeben und es entsprechend befestigt hatte, ohne Fahrer im Kreis herumsausen. Wie glücklich er darüber war, brauche ich kaum zu sagen.

Von meinen Söhnen ist Friedrich derjenige, der aus eigenem Erleben und Erinnern kaum mehr etwas von der Zeit des Kaiserreiches weiß. Er war zweieinhalb Jahre alt, als der erste Weltkrieg ausbrach, und sieben Jahre, als der Zusammenbruch und die Revolution seinen Großvater auf Lebenszeit ins Exil sandten. Sein Leben spielte sich im Rahmen unseres Hauses ab. Höfische Formen und höfisches Zeremoniell lernte er nur bei Besuchen beim Kaiser in Doorn kennen. Der Kaiser liebte Fritzi sehr, und der Junge hing sehr an seinem Großvater, den er zum letzten Male an dessen Geburtstag am 27. Januar 1939 in Doorn sah.

Von Jugend an wußte Fritzi, daß er eines Tages im Leben seinen Mann zu stehen haben werde. Die Frage der

Berufswahl war in den Jahren zwischen den Kriegen schwierig. Zunächst studierte er Rechtswissenschaft und bestand sein Staatsexamen. Dann entschied er sich für den kaufmännischen Beruf. Es ist für Mütter schwer, in Fragen der Berufswahl in die Herzen ihrer Söhne zu schauen, und ich weiß daher nicht, wie es damals bei Fritzi mit der Liebe zu dem Beruf, in dem er tätig war, aussah. Aber ich weiß jetzt, daß er durch die Kriegsereignisse in den Beruf gekommen ist, in dem er wirklich nach Herzenslust schaffen kann und sich zu Hause fühlt. Er ist ein begeisterter Landwirt geworden.

Als Fritzi und Brigid im Sommer 1945 heirateten, war er noch Eleve auf dem Gute der befreundeten Familie Harvey. Aber kurz vor Weihnachten desselben Jahres kaufte Lord Iveagh für das junge Paar ganz in der Nähe das Gut Patmore Hall. Das ist kein Rittergut nach ostelbischen Begriffen. 500 englische, das sind etwa 700 bis 800 preußische Morgen, und die »Hall« ist kein feudales Schloß, sondern ein zweistöckiges, schlichtes, weißgetünchtes Gutshaus mit Ziegeldach, das nicht besonders repräsentativ, aber ein sehr wohnliches und behagliches Heim ist. Die Nachbarn, die Fritzi als »Farmer Mansfield« kannten und achteten, haben ihm auch, nachdem er seinen alten Namen wieder angenommen hat, ihre Freundschaft bewahrt. Sie respektieren in ihm den Landwirt, der seine Sache versteht und sein Gut in Ordnung hält. Die Mechanisierung der Landwirtschaft ist in England weiter fortgeschritten als in irgendeinem Lande der Welt, die Vereinigten Staaten, wie Fritzi mir versichert, nicht ausgenommen.

Fritzi hat einen ausgezeichneten Maschinenpark und gilt im weiten Umkreis als ein Meister im Traktorfahren auf dem schwierigen hügeligen Gelände seines Gutes. Sein Lieblingsthema sind seine Herdbuchkühe. Sein Schwiegervater besaß einmal eine Musterherde von, ich weiß nicht, Jersey oder Guernseyrindern, die aber dann leider eines Tages der Maul- und Klauenseuche zum Opfer fiel. Fritzi hat nun die Absicht, es seinem Schwiegervater nachzutun und eine Musterherde zu schaffen. Vor vier Jahren hat er mit drei oder vier hochwertigen Kühen angefangen, inzwischen hat die Herde gute Fortschritte gemacht. Daß er sich vor keiner Arbeit scheut und seinen Beruf in allen Einzelheiten von unten her beherrscht, wissen alle seine Fachkollegen im Umkreise. Ein kleines Beispiel dafür ist es und darauf ist er sehr stolz –, daß er im Dezember letzten Jahres die Melkkonkurrenz der ganzen Grafschaft gewann. Und zur Erntezeit kann man ihn jeden Tag auf den Feldern sehen in derber Reithose und in Hemdsärmeln.

Mit einem Wort, Fritzi hat sich mit ganzem Herzen dem Beruf ergeben, der in England immer noch als der vornehmste und begehrenswerteste gilt, dem Beruf des Country Gentleman, des Landedelmannes, der heute nicht mehr der des feudalen Grundherrn ist, der hoch erhaben über seinen Pächtern thront und die ländlichen Sportarten pflegt, sondern der des Gentleman-Farmers, des tätigen Gutsherrn, der seinen Boden selber bestellt, der sein Vieh nicht nur aus Erwerbsgründen, sondern mit der Freude an der Zucht aufzieht und der die Freuden der Jagd und der andern ländlichen Sportarten und Vergnügen um so reiner genießt, weil sie durch ehrliche Arbeit verdient sind.

ALEXANDRINE UND CECILIE

Meine älteste Tochter Alexandrine lebt fast ganz ihrer Naturliebe und ihren künstlerischen Neigungen. Sie macht sehr gern große Fußwanderungen, und auf dem Gebiet der Kunst gilt ihre Vorliebe der Musik und der Malerei. Auch sie selbst malt viel; sie interessiert sich für die moderne Malerei, insbesondere für den deutschen Expressionismus. Seit längerer Zeit lebt Alexandrine aus gesundheitlichen Rücksichten zurückgezogen. Das ist auch der Grund, warum sie an den Familienfeierlichkeiten der letzten Zeit und auch an der Beisetzung des Kronprinzen nicht teilnehmen konnte. Ich besuche sie häufig in ihrer Wohnung in Starnberg; es ist mir jedesmal eine große Freude, ein paar Tage bei ihr zu verbringen.

Cecilie, unsere jüngste Tochter, ist mit dem amerikanischen Architekten Clyde Kenneth Harns verheiratet. Bei ihrer Gattenwahl ist sie genau so selbstänig vorgegangen wie auch sonst in ihrem Leben. Als wir Potsdam verlassen mußten, ging Cecilchen nach Schloß Wolfsgarten zu unsern hessischen Verwandten. Eines Tages betrat ein Kontrolloffizier für Kunstsammlungen (Art Collecting Pomt) das Schloß, um es in dienstlicher Eigenschaft zu besichtigen. Es war Clyde Kenneth Harris. Seine und meiner Tochter gemeinsame Kunstinteressen wurden der Anlaß zu einer herzlichen Freundschaft.

Als ich am 2. Mai 1949 in Lausanne bei der Königin von Spanien zu Besuch weilte, wurde ich plötzlich aus Venedig angerufen. Es meldete sich ein Mister Harns: er habe gehört, daß ich in Lausanne sei. Ich merkte sofort, daß er mich mit meiner gleichnamigen Tochter verwechselte, und sagte ihm: »Ich bin nur ihre Mutter.« Doch konnte ich ihm mitteilen, daß Prinzessin Cecilie ebenfalls in der Schweiz, und zwar in Sus Maria, bei ihrem Vater weile. Obwohl mein Mann an jenem Tage schon abreisebereit war und aus gesundheitlichen Rücksichten nach Hechingen heim mußte, lud er Clyde ein, als sein Gast ein paar Tage länger in Sus Maria zu bleiben.

»Ich habe so das Gefühl, daß Sie meine Tochter heiraten wollen. Wie stellen Sie sich die Sache vor?«

Das etwa waren die Worte meines Mannes, als er Mr. Clyde Kenneth Harns aus Amarub, Texas, zum ersten Male unter vier Augen sprach. Obwohl Cecilie jede Andeutung vermieden hatte, ehe sie ihren amerikanischen Freund bei uns einführte, war es meinem Manne doch keineswegs entgangen, daß zwischen beiden bereits ein stilles Einverständnis bestand. Und Clyde schien erleichtert, daß sein künftiger Schwiegervater ihm mit seiner Frage zuvorkam und es ihm sozusagen ersparte, formell um die Hand seiner jüngsten Tochter anzuhalten.

»Ich bin kein reicher Mann«, antwortete Clyde in seiner frischen, unbekümmerten amerikanischen Art, »und ich habe auch einen Beruf, in dem es auf und ab geht, aber meine Frau werde ich ernähren können. Ich bin Innenarchitekt. Ich heirate Cecilie nicht, weil sie eine Prinzessin ist, sondern weil ich sie wegen ihres offenen und ehrlichen Charakters liebe. Ich werde ihr auch kein luxuriöses Leben bieten können; sie wird ganz einfach eine Mrs. Harns in Amarub werden.«

Clydes unbefangene, wohltuende Aufrichtigkeit schuf sofort einen herzlichen Kontakt zwischen ihm und meinem Mann, der immer ein sehr sicheres Gefühl für die wirklichen Werte eines Menschen gehabt hat und nichts mehr haßte als eine verkrampfte, unaufrichtige Wesensart.

»Im Grunde müßte ich Ihnen ja böse sein, daß Sie meine Tochter entführen«, meinte mein Mann schließlich. »Aber ich finde Sie reizend, Mr. Harns. Ich habe immer gewollt, daß Cecilie den Mann heiratet, den sie liebt. Ihre Wahl macht mich sehr glücklich.«

Cecilie und Clyde hatten die Absicht, möglichst bald und in aller Stille zu heiraten. Von einer Hochzeit in aller Stille wollte aber mein Mann nichts wissen:

»Cecilie war von jeher mein Liebling. Wir wollen ihre Hochzeit auf Burg Hohenzollern feiern und sie so schön gestalten, wie es in meinen Kräften steht.«

Und so geschah es. Die Hochzeit wurde zu einer schönen zu unserer letzten großen Familienfeier.

Übrigens hatte auch das Standesamt den Plan einer Hochzeit in aller Stille durchkreuzt. Es forderte von Clyde eine Bescheinigung, daß er noch unverheiratet sei. Um seine bevorstehende Hochzeit mit einer Tochter des Deutschen Kronprinzen vor seinen amerikanischen Mitbürgern in Texas nicht an die große Glocke zu hängen, hatte sich Clyde solch eine Bescheinigung ganz einfach von einem seiner Freunde ausstellen lassen. Aber das deutsche Standesamt erkannte das Papier nicht an: Es beanstandete das Fehlen des Amtssiegels.

Da war nun zunächst guter Rat teuer. Zum Glück befand sich damals der Bürgermeister von Amarillo auf einer Europareise. Clyde erfuhr es von einem Zeitungsberichterstatter. Und er setzte sich sofort mit dem Bürgermeister in Verbindung. Die Situation war gerettet. Der Bürgermeister kam nach Hechingen, stellte ein ordnungsgemäßes Dokument aus und nahm zusammen mit dem Berichterstatter an der Hochzeit teil.

So war denn aus der Hochzeit in aller Stille nichts geworden. Selbst in dem fernen Amarillo war man aus erster Quelle unterrichtet und erwartete mit ziemlicher Neugier Ceciliens Ankunft. Clyde hat einen sehr großen Freundeskreis in Amarillo. Aber zunächst mußte er noch ohne seine junge Frau nach Texas zurück: Cecilie hatte auf die Ausstellung ihrer Einreisepapiere zu warten. Das dauerte vier Monate, denn der Termin für die bevorzugte Einreise von Kriegsbräuten war damals bereits abgelaufen, und weder Clyde noch Cecilie wollte eine Ausnahme machen.

Endlich aber kam für Cecilie der Tag, an dem sie in ihre neue Heimat abreisen konnte. Es war im Oktober 1949. Vor lauter Aufregung und Reisefieber war sie recht mager geworden, als sie die Überfahrt auf der »Queen Elizabeth« antrat. An Bord erlebte sie eine neue Aufregung, die kaum geeignet war, ihre angespannten Nerven zu beruhigen: Bei der Einschiffung in Cherbourg war ihr ganzes Gepäck verschwunden. Erst bei der Ankunft in New York stellte sich heraus, daß es versehentlich mit in den großen Laderaum geraten war. So hat denn Cecilie, die ohnehin mit Garderobe nicht allzu reich gesegnet war, während der ganzen Reise aus ihrem kleinen Handkoffer leben müssen.

Als das Schiff in New York ankam, wurde meine Tochter von einer Schar neugieriger Journalisten ins Kreuzfeuer genommen und in einem fort über alles mögliche und unmögliche ausgefragt. Ihr erster Brief klingt fast wie ein Klagelied: sie sei von der Ausfragerei so erschöpft gewesen, daß sie von der berühmten Einfahrt in den größten Hafen der Welt und auch von der imposanten Skyline von Manhattan so gut wie nichts gesehen habe.

Überhaupt scheint New York sie zunächst sehr verwirrt zu haben. Clyde hatte eine kleine Suite im 36. Stock eines Hotels an der Fünften Avenue gemietet, von wo aus der ganze westliche Teil der Stadt mitsamt dem Central Park zu sehen war. Dann fuhren sie heim.

Die Fahrt nach Amarillo legten sie in Clydes Wagen zurück – sehr langsam, wie Clyde meinte; viel zu schnell nach Ceciliens Auffassung. Sie fuhren über Washington, über die Blue Ridge Mountains, die dem Thüringer Wald so ähnlich sein sollen, nach Amarillo. Unterwegs besuchten sie noch Clydes Eltern, die in Oklahoma leben.

Sie richteten es so ein, daß sie abends in Amarillo ankamen, um kein Aufsehen zu erregen. Aber in der kleinen Zweizimmerwohnung, die Clyde gemietet hatte, waren von seinen Freunden bereits alle Hochzeitsgeschenke aufgebaut worden. Über die reizende amerikanische Sitte, zu einer Hochzeit ausgesprochen praktische Gegenstände zu schenken, berichtete mir Cecilie mit dem ganzen Entzücken einer überraschten Europäerin. Recht betrachtet, erhält ein amerikanisches Brautpaar sozusagen seine ganze Aussteuer von den Freunden, Verwandten und Bekannten. Wie Cecilie mir dazu noch schrieb, gibt es drüben Läden, die ganze Aussteuerlisten aufliegen haben, nach denen jeder, der einem Hochzeitspaar etwas schenken möchte, entsprechend auswählen kann. Mitunter tun sich mehrere Freunde zusammen und schenken gemeinsam einen größeren Gegenstand.

So fand denn auch Cecilie unter den Hochzeitsgeschenken lauter Nützliches: Küchengeschirr, Bettwäsche, Handtücher, ein Tafelservice usw. Sie konnte alles gut gebrauchen, denn unsere gesamte Wäsche, darunter viele nie benutzte Stücke aus dem Haushalt des Kaisers, hatten wir in Potsdam zurücklassen müssen. Wir konnten zu Ceciliens Haushalt nur ein Tafel-Service und etwas von dem Tafelsilber beisteuern, das wir gerettet hatten.

An einem der ersten Tage gaben Clydes Freunde Cecilie einen Empfang, um sie als seine Frau in den Freundeskreis aufzunehmen. Clyde hatte meiner Tochter noch während der Brautzeit viel von Texas und Amarillo erzählt und ganz nüchtern alle Vor- und Nachteile gegeneinander abgewogen, aber immer auch die Menschen dort als freundlich, aufgeschlossen, unvoreingenommen und hilfsbereit geschildert und in dieser Hinsicht sogar gemeint, Amarillo sei der einzige Platz, an dem sie in Ruhe leben könnten. Er wollte Cecilie vor Illusionen bewahren, und sie fand alles bestätigt, was er ihr gesagt hatte. Seine Freunde taten alles, um ihr das Eingewöhnen zu erleichtern. Sie wird, wie es drüben im Freundeskreis üblich ist, beim Vornamen angeredet, wobei sich jeder Mühe gibt, ihren Namen in der deutschen Betonung auszusprechen.

Eine Flut von Briefen strömte in jenen ersten Tagen in die kleine Wohnung. Die meisten kamen von Deutschamerikanern, die mit ihren Zeilen ihre Freude über Ceciliens Heirat zum Ausdruck bringen oder ihr auch mit alten Bildern von der kaiserlichen Familie einen Gefallen erweisen wollten. Allerdings gab es darunter auch eine Menge Briefe, die irgend etwas zum Verkauf anboten. Offenbar dachten sich die Absender, daß die Tochter des deutschen Kronprinzen nur einen reichen Mann geheiratet haben könne. Sie mögen enttäuscht gewesen sein, daß sie nie eine Antwort erhielten. Überhaupt war es Cecilie unmöglich, die vielen hundert Briefe zu beantworten; sie hätte schon eine Sekretärin nehmen müssen.

Ich kenne Amarillo nicht aus eigener Anschauung. Ich soll es erst noch kennenlernen. Mein nächster Besuch soll Cecilie gelten. »Denke aber nur nicht an Cowboys, riesige Weiden, große Herden, wenn Du von Texas hörst« schreibt sie mir. »Amarillo hat nichts mit der sogenannten Wildwestromantik zu tun.«

Meine gute Tochter ahnte nicht, mit welcher Aufmerksamkeit ich ihre und Clydes Schilderungen verfolgt habe und daß ich vieles, was mir an meiner Vorstellung fehlte, aus der Darstellung ergänzen konnte, die mir mein Sohn Fritzi gab, der im vergangenen Jahr mit seiner Frau drüben war.

Amarillo ist mir inzwischen so vertraut, daß ich es ganz deutlich vor mir sehe: eine noch junge, aufblühende amerikanische Stadt, die aus einem Rindermarkt entstanden ist und nun mit ihren Getreidesilos, den größten der Welt, mit der nahe gelegenen Naturgasquelle, der einzigen in den Vereinigten Staaten, und mit den vielen Ölquellen in ihrer Umgebung Bedeutung und Wohlstand gewonnen hat. Eine Stadt inmitten der Prärie der texanischen Hochebene, die wie ein »Pfannenstiel« der großen Pfanne Texas in den Staat Oklahoma hineinreicht, wasserarm und trocken, von Staubstürmen und gelegentlich von wolkenbruchartigen Regenfällen heimgesucht. Eine typisch amerikanische Stadt mit modernstem Komfort, mit riesigen Hochhäusern neben einstöckigen Geschäftshäusern und Eigenheimen, mit sauberen, schnurgeraden und quadratisch angelegten Straßen, eine nüchterne und praktische Stadt. Mit rührender Sorgfalt werden die paar Bäume und Sträucher gehegt und gepflegt, die man am Straßenrand angepflanzt hat.

Wenn Cecilie etwas in ihrer neuen Heimat entbehrt, so ist es die Nähe des Waldes. Als sie erst wenige Tage in

Amarillo war und die Umgebung der Stadt noch nicht kannte, rief eine Bekannte sie an, um sie zu einem Gang in den Wald aufzufordern. Das heißt, Cecilie hatte das Wort »forest« (Wald) verstanden. Da es Herbst war, zog sie warme Kleidung und ein Paar kräftige Schuhe an. So ausgerüstet, traf sie ihre Bekannte und wurde... in den Blumenladen geführt. Das Wort hatte nicht »forest«, sondern »florist« gelautet. Als Cecilie ihrem Manne ihre Enttäuschung klagte, fuhr er sie lachend hinaus in eine jener tief eingeschnittenen Schluchten, die Cañons genannt werden. Zwar war auch hier kein Wald, doch erlebte Cecilie etwas, das wiederum Europa nicht aufzuweisen hat: eine Landschaft von großartiger, ursprünglicher Schönheit, ein echtes Stück wilden Westens.

Niemals hat Cecilie sich darüber beklagt, daß Amarillo so wenig Unterhaltung bietet, daß es sehr selten eine Theateraufführung oder ein Konzert hat, daß sich das gesellige Leben hauptsächlich in ein paar Klubs abspielt. Weder sie noch Clyde macht sich viel aus solch äußeren Formen der Unterhaltung. Von Anfang an war es ihr Wunsch, sich sobald wie möglich ein eigenes Heim zu bauen. Glyde hatte schon vor der Hochzeit die Pläne entworfen. Und sie haben es wirklich sehr rasch geschafft. Ein halbes Jahr nach Ceciliens Ankunft in Amarillo konnten sie bereits ihr Häuschen beziehen.

Sie haben mir Bilder von ihrem neuen Heim geschickt, und ich finde, es ist ein hübsches Anwesen, dieses kleine Haus im ländlichen französischen Stil. Noch haben sie auf ihrem Grundstück, wie Cecilie mir schrieb, keine Nachbarn, so daß ihnen niemand in die Fenster gucken kann. Im Untergeschoß ist ein geräumiger Wohnraum mit Holzbalkendecken, einem gemauerten Kamin, bequemen Sitzecken und einem Eßtisch nach der Gartenseite zu. Möbel, die weder zu modern noch zu altmodisch sind, machen den Raum behaglich. Auf dem Kaminsims erkennt man, von zwei Leuchtern eingefaßt, einen Stich von Friedrich dem Großen. Im Bücherregal stehen ein paar Teller mit dem Eisernen Kreuz aus der Zeit der Freiheitskriege zusammen mit zwei preußischen Adlern aus Silber, die früher einmal einen Tafelaufsatz geschmückt haben. Auf dem Flügel steht neben einer Tonbüste des Kaisers eine kleine Fotografie meines Mannes in Husarenuniform. Und dann erkenne ich auf den Bildern auch noch unsern guten »Schnaps«, den Spaniel, der nun schon neun Jahre alt und grauhaarig geworden ist, allem Anschein nach aber die veränderte Umgebung mit Fassung erträgt. Er soll der Lieblng aller Kinder aus Ceciliens und Clydes Freundeskreis sein.

Im oberen Stockwerk befinden sich zwei kleine Schlafzimmer, das Badezimmer und eingebaute Schränke. »Mit ihren schrägen Wänden«, schrieb mir Cecilie, »erinnern die Zimmer oben an lichte europäische Dachstuben, in deren Schrägen man Regale und Schränke unterbringen kann. Du weißt, ich hatte mir immer mal eine eigene Junggesellenwohnung dieser Art gewünscht. Ich mußte also erst bis nach Amarillo reisen, um meinen Wunsch erfüllt zu sehen.«

Ganz begeistert ist Cecilie von ihrer kleinen, aber sehr praktischen Küche, wiewohl sie zugibt, alles andere als eine perfekte Hausfrau zu sein, und froh ist, daß sie eine Negerin als Haushilfe hat. Cecilie hat früher auch nie gekocht, aber hier, in ihrer amerikanischen Küche, in der sie keinen unnützen Schritt oder Griff zu tun braucht, macht ihr das Kochen großen Spaß. »Und ich esse auch meine eigenen Kochkünste am liebsten«, behauptet sie. »Um immer wieder neue Ideen zu bekommen, lese ich eifrig die amerikanischen Frauenzeitungen, die immer wieder neue Anregungen für die Küche bringen.«

Die Lebensmittel werden gewöhnlich ins Haus gebracht. Aber viel lieber geht Cecilie selber in den »Supermarket«, wo man mit einem Wägelchen zwischen den vollgespickten Regalen hindurchfährt und sich selbst auflädt, was man gerade braucht. Einmal wurde sie im Supermarket von einem Bildreporter überrascht, als sie gerade ihren Wagen mit Hundefutter vollgeladen hatte. Das Bild erschien auch in deutschen Zeitungen, und die Folge war, daß Cecilie Anfragen erhielt, ob's denn im Supermarket nur Hundefutter zu kaufen gebe.

Zum Leidwesen von Cecilie, die jedes Fotografiertwerden und Interviewen scheut, interessiert sich auch die amerikanische Presse hin und wieder ausgiebig für das Leben des Ehepaares Harns in Amarillo. Aber was auch die Zeitungsleute im einzelnen schreiben mögen, eins müssen sie immer wieder feststellen: daß die Ehe sehr glücklich ist. Wir Eltern brauchten das nicht erst aus amerikanischen Zeitungen zu erfahren; wir hatten von vornherein das sichere Gefühl, daß Ceciliens Wahl glücklich war. Alles, was sich das junge Paar bis heute geschaffen hat, geschah aus eigener Kraft. Clyde ist sehr arbeitsam, liebt seinen Beruf und hat sich als Innenarchitekt in Amarillo einen guten Namen gemacht.

Die Nachricht vom Tode meines Mannes erfuhren Cecilie und Clyde zunächst durch das Radio und mit einem nicht gerade freundlichen Kommentar. Clyde rief sofort den Sprecher an und bat ihn, sich umfassender zu

KRONPRINZ WILHELM, UM 1930

unterrichten, nicht ihm zu Gefallen, sondern um der Wahrheit willen, mit dem Erfolg, daß ein gerechterer Nachruf durchgegeben wurde. Unterdessen war auch ein Telegramm aus der Heimat eingetroffen. Sie nahmen das nächste Flugzeug und trafen noch rechtzeitig zur Beerdigung ein. In der Eile hatte Clyde es versäumt, einen dunklen Anzug einzupacken; so war er gezwungen, einen Anzug meines Mannes anzulegen.

Der Verlust des Vaters, an dem sie immer mit so großer Liebe gehangen hat, traf Cecilie sehr hart. Und auch Clyde ging der Tod seines Schwiegervaters sehr nahe. Er hatte ihn in der kurzen Zeit, die sie sich kannten, aufrichtig liebgewonnen. »Er war genau wie Cecilie«, sagte er mir damals, »so warm und echt wie sie, so still und zurückgezogen. Er ging nicht nach Herkunft und Stand, er ging nach dem Menschen und dem, was er in einem Menschen erkannt hatte. Ich bin nicht Schriftsteller, aber wenn ich einer wäre, würde ich ein Buch über meinen Schwiegervater schreiben.«

DES KRONPRINZEN LETZTE JAHRE
ERHOLUNG IN DER SCHWEIZ

Seitdem mein Mann in Hechingen lebte, klagte er häufiger über Beschwerden an Leber und Galle. Das war ich nicht an ihm gewöhnt; in früheren Jahren hatte er niemals über irgendwelche Krankheiten geklagt. Um so besorgter war ich jetzt. Als ich ihn aber bedrängte, sich in ärztliche Behandlung zu begeben, versuchte er seine Beschwerden zu bagatellisieren. »Ich weiß ja genau, was die Ärzte sagen«, pflegte er meine Ratschläge abzuwehren, sie werden mir meine Zigaretten verbieten.« Bis zu seinem Tode lehnte er sich dagegen auf, als ein Kranker betrachtet zu werden.

Schließlich gelang es mir aber doch, ihn zu einem Erholungsaufenthalt in der Schweiz zu bewegen. Mit Hilfe eines Bekannten mieteten wir in Sils Maria ein kleines Haus. An den Aufenthalt in der Schweiz knüpfte ich auch die Hoffnung, daß mein Mann sich von unserm langjährigen Freund, dem Schweizer Arzt Dr. Oettli, einmal gründlich untersuchen und beraten lassen werde. Zu ihm, dessen Frohsinn allein schon heilsam wirkte, hatte mein Mann großes Vertrauen.

Wir kannten Dr. Oettli, der in Deutschland studiert und auch den Ersten Weltkrieg auf deutscher Seite als Militärarzt mitgemacht hatte, seit der Zeit, da unser dritter Sohn Hubertus Schüler in einem Internat in Zuoz war. Hubertus hatte damals infolge eines tragischen Unglücksfalls, der ihm sehr nahegegangen war, einen Nervenzusammenbruch erlitten: in der Nähe der Schule hatte eine Lawine seinen liebsten Freund und Klassenkameraden begraben. In der kommenden Nacht war dann Hubertus, von Fiebervorstellungen bedrängt und nur mit dem

Nachthemd bekleidet, hinaus ins Freie gestürzt, um seinen toten Freund zu suchen. Die alarmierte Lehrerschaft brachte den vor Kälte zitternden Hubertus ins Heim zurück und ließ einen Arzt rufen. Dieser Arzt war Dr. Oettli. Auf sein Anraten kam Hubertus in ein Landschulheim, wo er sich unter der ärztlichen Behandlung allmählich erholte. Seitdem bestand eine herzliche Freundschaft zwischen dem Schweizer Arzt und uns, wozu wesentlich noch Dr. Oettlis Liebe zur Kunst beitrug; er ist ein ausgezeichneter Musiker. »Wären Sie nur als Autofahrer ebensogut wie als Arzt und Musiker!« pflegte mein Mann, der den Sportsmann nie verleugnen konnte, mit ihm zu scherzen.

Im November 1948 traten wir dann gemeinsam die Reise in die Schweiz an. Beim Grenzübertritt wurden wir so gut wie nicht kontrolliert. Die Schweizer Beamten zeigten sich erstaunt, daß wir keine Diplomatenpässe hatten. Mein Mann klärte sie lächelnd darüber auf, daß er seit langem Privatmann sei.

Nicht weniger freundlich wurden wir in der Schweiz selbst aufgenommen. In Sils Maria und in dem nahegelegenen St. Moritz, wo wir in früheren Jahren so viele gute Tage verbracht hatten, trafen wir alte Bekannte wieder, die beim gemeinsamen Plaudern die vergangenen Zeiten heraufbeschworen. Und wahrhaftig, wie viele Erinnerungen tauchten jetzt vor uns auf, Erinnerungen an Schlittenfahrten, an fröhiche Menschen, an interessante Begegnungen, an ernste und heitere Gespräche! Wir sahen die Stätten wieder, an denen wir uns früher immer so wohl gefühlt hatten, besuchten das Hotel »Kulm« und erinnerten uns beim Wiedersehen des so fürsorglichen Rats der Reichsregierung, die uns im Jahre 1907 dieses Hotel »als für das Kronprinzenpaar geeignet« anempfohlen hatte.

Ich selbst war einige Wochen vorher schon einmal kurz in der Schweiz gewesen, um mich nach einem geeigneten Platz für meinen Mann umzusehen. Für ihn aber war es ein Wiedersehen nach langen Jahren. Das Erlebnis war um so eindrucksvoller, als damals – wenige Monate nach der Währungsreform – der Unterschied zwischen der friedlichen, satten, reichen Schweiz und dem zerstörten, von der Hungerzeit sich gerade erst erholenden Deutschland besonders kraß in die Augen fiel. Was aber die Schweiz meinem Manne an wirksamster Erholung bieten konnte, war nach meinem Gefühl die Möglichkeit, einmal Abstand von den jüngsten Ereignissen zu gewinnen. Ich sage gewiß nicht zuviel, wenn ich behaupte, daß die tiefere Ursache seines Leidens in der Entrüstung über das Unrecht und die Demütigung zu suchen war, die ihm bei seiner sogenannten »Gefangenschaft« von dem französischen General de Lattre de Tassigny zugefügt wurden. Mein Mann ist niemals nachtragend gewesen, aber diese Schmähung hat er nicht verwinden können.

Weder Dr. Oettli noch die von ihm empfohlenen ersten Fachärzte stellten bei meinem Manne einen besonders schweren Krankheitszustand fest. Tatsächlich ließen auch nach einigen Wochen Schweizer Aufenthalts die Leberbeschwerden nach; dafür aber meldeten sich zum ersten Male die Magen- und Darmbeschwerden, unter denen er bis zu seinem Tode leiden sollte. Mein Mann war keineswegs niedergeschlagen, doch verließ er das stille Haus in Sils Maria selten. Seine Zurückgezogenheit wurde von unsern Schweizer Freunden, die seine Freude an Geselligkeit genau kannten, lebhaft bedauert. Im Mai 1949 kehrte mein Mann nach Hechingen zurück.

Mit seiner frischen Gesichtsfarbe und der von der Sonne gebräunten Haut sah mein Mann äußerlich sehr gesund aus, als er aus der Schweiz zurückkehrte. In Wirklichkeit aber hatte sich an seinem Gesundheitszustand kaum etwas verändert. Von dieser Zeit an ist er, wenn auch widerstrebend, in dauernder ärztlicher Behandlung geblieben.

Zunächst befürchtete ich, er werde den Übergang von der ausgesprochen internationalen Atmosphäre der Schweiz in die Einsamkeit des idyllischen Hechingen sehr stark empfinden. Denn Hechingen, das trotz seiner vielen Gewerbebetriebe einen ländlichen Charakter hat, wenn es auch als alte Residenz der Fürsten von Hohenzollern einem vorübergehenden Besucher mancherlei Sehenswürdigkeiten bietet, zwingt den in ihm Ansässigen mehr oder weniger zu einem stillen, beschaulichen Leben. Ich muß daran denken, wie bewegt das Leben meines Mannes gewesen war, und selbst wenn ich seinen angegriffenen Gesundheitszustand in Betracht zog, hielt ich es doch für so gut wie ausgeschlossen, daß er sich in einen geruhsamen Lebensstil hineinfinden könne. Bald jedoch wurde mir klar, daß er inzwischen die schöne kleine Stadt und ihre Menschen liebgewonnen hatte.

Gewiß, mein Mann hatte oft genug Sehnsucht nach Potsdam. »Könnte ich doch noch einmal Cecilienhof wiedersehen«, sagte er mir oft, und in seiner Stimme klang ein schmerzlicher Ton mit, wenn er hinzufügte:

Ich glaube, es wird niemals mehr sein. Aber zu der Heimat seiner Ahnen, zu dem Boden, dem sein Geschlecht entwachsen war, hatte er nun auch ein Verhältnis gewonnen, das einem wirklichen Heimatgefühl nicht allzu fern lag.

Ich sehe auch in der Anhänglichkeit meines Mannes an die Burg Hohenzollern einen Ausdruck dieses Fühlens. Die Burg, auf der er in den ersten Monaten nach Kriegsende als »Gefangener« hatte leben müssen, blieb auch, nachdem er unten in der Stadt eine Wohnung bekommen hatte, sein tägliches Ziel. Dieser Ursitz seiner Ahnen, der von der Höhe des Zollernberges aus Stadt und Umkreis von Hechingen beherrscht, stand gewissermaßen auch räumlich dauernd in seinem Gesichtskreis: von seiner Wohnung in der Fürstenstraße, besonders von seinem Balkon aus hatte er einen prachtvollen Blick auf die Burg. Noch abends, ehe er sich zur Ruhe begab, pflegte er einen letzten Blick hinaufzuschicken. Manchmal war die Burg um diese späte Stunde noch hell erleuchtet, ein Zeichen, daß der Gastwirt oben Gäste hatte. »Der Burgwirt verdient mal wieder«, sagte mein Mann dann gewöhnlich, und ich glaube, er machte den Witz nur, weil er befürchtete, daß ich seine große Liebe für die Burg als eine sentimentale Regung empfände.

Es waren zwei kleine Räume, die mein Mann in Hechingen in der Fürstenstraße 16 bewohnte, die engste Wohnung, die er jemals besessen hat. Auch hier behielt er die sein ganzes Leben hindurch auf Pünktlichkeit gestellte Einteilung seines Tages bei. Im Sommer stand er früh um sieben, im Winter um acht Uhr auf. Abends um zehn begab er sich regelmäßig zur Ruhe.

Nach dem Frühstück, das, bescheiden wie alle seine Mahlzeiten, aus einem Brötchen und einem Ei bestand, las er mit der größten Aufmerksamkeit die Tageszeitungen, eine Beschäftigung, die ihm zeit seines Lebens wichtig gewesen ist. Er faßte die Zeitungslektüre als eine produktive Tätigkeit auf. Artikel oder Nachrichten, die ihn besonders interessierten, schnitt er aus, versah sie mit Randbemerkungen und legte sie in eine Mappe zu einem Stapel früherer Ausschnitte. Kamen Besucher, so holte er seine Mappe hervor und nahm irgendeinen der ausgeschnittenen Aufsätze zum Anlaß, eine Diskussion zu beginnen.

Der erste Mann, mit dem er die neuesten Tagesmeldungen durchzusprechen pflegte, war wohl sein Nachbar Wolf, ein Handelsvertreter, der jeden Morgen zu derselben Zeit auf seinem Balkon erschien, wenn auch mein Mann nach Frühstück und Zeitungslektüre auf seinen Balkon hinaustrat. Je nach dem Inhalt der Tagesnachrichten konnte solch ein Morgengespräch über die Gartenmauer und beide Garagen hinweg zu lebhaftesten Erörterungen führen, die dann gelegentlich unterbrochen wurden von einem freundlichen, von der Straße herauftönenden »Grüß Gott, Herr Kronprinz!«

Dem Hause meines Mannes gegenüber lag ein Sportplatz, auf dem an den Vormittagen die Schulklassen des benachbarten Gymnasiums ihre Turnübungen abhielten.

Sobald der fröhliche Lärm der Kinder einsetzte, war mein Mann nicht mehr im Zimmer zu halten. Er liebte es zu sehr, dem Treiben der Jugend zuzusehen. Mit der Zeit waren ihm auch die besten Sportler unter den Schülern allesamt bekannt geworden. Sein Liebling war ein Junge mit Namen Dieter, der mit Seinen fünfzehn Jahren bereits alle Sportarten beherrschte. »Der Junge wird noch einmal eine Kanone werden«, meinte mein Mann, wenn er ihn eine Zeitlang beobachtet hatte.

Ehe er jedoch das Haus verließ und die Straße zum Sportplatz überquerte, blieb mein Mann eine Weile zögernd unter dem langen Vordach des Hauseingangs stehen und blickte vorsichtig nach allen Seiten aus, um sich zu vergewissern, daß nicht irgendwo Neugierige auf ihn lauerten. Am meisten scheute er die Journalisten, mit denen er im Laufe seines Lebens so viele trübe Erfahrungen gemacht hatte. War er endlich sicher, daß die Luft rein war, so eilte er zum Sportplatz hinüber.

Nun gab es zwar eine auf die Mitte des Sportplatzes hinführende Seitenstraße, auf der man sich dem üblichen Standort meines Mannes unauffällig nähern konnte, und auf diese Weise ist er von vielen, die ihn sprechen wollten, überlistet worden, auch von Journalisten. Sie standen dann plötzlich unmittelbar vor ihm, und er mußte ihnen wohl oder übel Rede stehen. Aber auch dann gelang es ihm noch häufig auszuweichen. Sah er eine Kamera auf sich gerichtet, so machte er sich gern den Spaß, den Fotografen zu verwirren: »Sie halten ja den Daumen auf die Linse.« Ehe der Überraschte begriffen hatte, daß er nur gehänselt worden war, hatte mein Mann bereits das Weite gesucht.

Gewöhnlich fuhr er danach zur Burg hinauf. Sein Lieblingsplatz war das schmale Stück Balustrade der obersten Burgmauer, das von den beiden im Volksmund »Max und Moritz« genannten steinernen Rittern eingefaßt wird. Von hier aus hat man einen herrlichen Rundblick auf die Schwäbische Alb, den fernen Schwarzwald und das tief unten gelegene Hohenzollernsche Land mit seinen reizenden Ortschaften, Kirchen und Klöstern. Aber ebenso kann man von dieser Stelle aus den in Serpentinen steil zur Burg sich hinaufwindenden Anfahrtsweg überblicken, der in seinem oberen Teil von mächtigen Mauern umsäumt wird. Häufig wurde mein Mann trotz aller Vorsicht von den zur Burg strömenden Besuchern entdeckt. Waren es Kriegskameraden aus dem Ersten Weltkrieg, so gab es bald darauf ein freudiges Händeschütteln und ein lebhaftes Fragen und Antworten. Mitunter führte er sie dann selber durch die Burg.

Den Nachmittag über pflegte mein Mann zu lesen. Ich erwähnte schon einmal, daß er von jeher lesewütig war und, in ein Buch vertieft, lange Stunden, bei trübem Wetter sogar ganze Tage im Zimmer verbringen konnte. In den letzten Jahren waren moderne englische und amerikanische Romane seine bevorzugte Lektüre. Auch Kriminalromane verschmähte er nicht. Eine Zeitlang schrieb er selbst an einem Buch; es war allerdings eine historische Arbeit, die einmal den Titel haben sollte:»Von Bismarck zu Hitler.« Die Anregung dazu hatte ihm ein amerikanischer Verleger gegeben, und da mein Mann in der Eintönigkeit seines Hechinger Lebens jede Ablenkung gern aufgriff, machte ihm die Arbeit viel Freude. Leider hat er sie nicht mehr vollenden können.

Am späten Nachmittag stellten sich gewöhnlich die Besucher ein. Wenn auch im Vergleich zu früher die Umstände den Verkehr mit Menschen einschränkten, so blieb doch meines Mannes Bedürfnis nach Gedankenaustausch bis zuletzt unvermindert stark. Große Freude bereitete ihm der Besuch von Jugendfreunden oder Kameraden aus dem ersten Weltkrieg. Viele kamen unangemeldet oder sprachen auf der Durchreise durch Hechingen vor, und oft genug war die enge Wohnung zu klein für die große Zahl der Gäste.

Von meines Mannes Freundschaft zu den französischen Gouverneuren Brochu und Courtois habe ich schon gesprochen. Während Courtois, in dessen Gesinnung und Denken mein Mann geradezu einen Spiegel seines eigenen Wesens gefunden hatte, was ihre Beziehungen so überaus harmonisch machte, wegen Erreichung der Altersgrenze nach Frankreich zurückging, wurde Brochu nach seiner Hechinger Tätigkeit zum Gouverneur im nahen Tübingen ernannt. An seiner Mittagstafel war auch in Tübingen für meinen Mann jederzeit mitgedeckt, und er hat von dieser offenherzigen Gastfreundschaft gern und häufig Gebrauch gemacht.

In Courtois' Nachfolger, dem Gouverneur Richard, begegnete mein Mann einem warmherzigen, wohlwollenden Freund, dessen rührende Anhänglichkeit die letzten Monate meines Mannes verschönt hat. Ich fühle mich darum M. Richard, der es sich in seiner Liebenswürdigkeit zum Prinzip gemacht hatte, mit Deutschen nur deutsch zu sprechen, zu besonderem Dank verpflichtet. Bis zum letzten Tage war er bemüht, meinem Manne das Leben zu erleichtern. Seine stete Sorge war, es könne dem Kronprinzen in Hechingen zu eintönig werden, weshalb er, wenn er interessante Gäste aus Frankreich zu Besuch hatte, sie jedesmal mit meinem Manne bekannt machte.

Sehr häufig besuchte meinen Mann der katholische Stadtpfarrer Bauer, der es immer irgendwie im Gefühl hatte, wenn mein Mann sich einsam fühlte, und darum niemals ungelegen kam. Er ist ein weitgereister Mann und kennt viele der Länder, die auch mein Mann bereist hat. So ergaben sich von selbst viele Berührungspunkte, die das Gespräch bei einem Glas Portwein und vielen Zigaretten zu beleben vermochten. Sie besprachen dann literarische Neuerscheinungen, geschichtliche Ereignisse aus Vergangenheit und Gegenwart und schnitten nicht selten auch theologische Themen an. Für Fragen der Kirche, des Papsttums und selbst der katholischen Dogmen war mein Mann immer sehr aufgeschlossen.

Oft gab auch die Wohnung des Pfarrers, in dessen reicher Bibliothek mein Mann gern schmökerte, den Schauplatz für ihre Gespräche ab. Nicht weniger häufig besuchte mein Mann den Schubfabrikanten Dr. Wolf und Frau, in deren Heim er sich wie zu Hause fühlte. Seine Freundschaft zu diesen beiden gütigen, ihm herzlich verbundenen Menschen rührte noch aus der Zeit seines erzwungenen Burgaufenthaltes her.

Seit dem Weggang seines Freundes Courtois, dessen Abschied ihm sehr zu Herzen gegangen war, machte mein Mann oft einen niedergeschlagenen Eindruck. Er, der sonst immer so beweglich gewesen war, wirkte nun häufig seltsam müde, ja erschöpft. Und wiewohl er es zu vertuschen suchte, merkte ich doch, daß seine innere Bereitschaft, seine Schwungkraft nachgelassen hatten. Ich frage mich jetzt oft, ob es nicht doch die Vorahnung seines nahen Endes gewesen ist, die ihn damals niederdrückte. Ich denke da besonders an seinen letzten Besuch im »Offiziersgärtlein« der Burg, den ich noch näher schildern werde.

Als ich im Frühjahr 1951 in meiner Kissinger Wohnung mitten in der Nacht von Wölk, dem Haushofmeister meines Mannes, aus Hechingen angerufen wurde, krampfte sich mir plötzlich das Herz zusammen. Mir ahnte nichts Gutes. Seit Monaten schon lebte ich in der größten Sorge um meinen Mann.

Meine Sorge schlug jetzt in Angst um, als ich durch das Telefon die beiden Worte vernahm: schwerer Herzanfall. Vor einer halben Stunde, so hörte ich weiter, habe

Dr. Cluss, der Chefarzt des Hechinger Krankenhauses, eine Injektion gemacht, und seitdem sei der Kronprinz bedeutend ruhiger.

Ich verließ Kissingen sofort und war am Morgen in Hechingen. Unterwegs machte ich mir Vorwürfe, daß ich meinen Mann nicht energischer bedrängt hatte, sich einer gründlichen Kur zu unterziehen. Ich hatte ihn zu bewegen versucht, ins Kneipp-Bad Bernedt zu gehen; wo ihn der uns befreundete Kurarzt Dr. Hülf bereits erwartete. Aber dann mußte ich mir wieder sagen, daß mein Mann nichts gegen seinen Willen unternahm, daß er sich von niemand, auch von mir nicht, jemals hat zwingen lassen. Und von einer Kur hatte er wirklich nichts wissen wollen. Da er nie im Leben ernstlich krank gewesen war, lehnte er sich mit seinem ganzen Empfinden dagegen auf, als Kranker genommen und behandelt zu werden. Dazu gehörte auch, daß er niemals über Beschwerden sonderlich klagte, aber ich glaube, er täuschte damit nicht nur seine Umwelt, sondern auch sich selbst. Dieser Auffassung war auch der Hechinger Arzt Dr. Jess, der ihn seit zwei Jahren betreute.

Als ich jetzt meinen Mann wieder sah, konnte ich die Tränen nicht zurückhalten. Er sah verfallen, deprimiert und unendlich müde aus. Dennoch versuchte er noch zu lächeln. Im Laufe des Tages besserte sich dann sein Zustand. Beim Abendessen gestand er mir irgendwie erleichtert, aber doch mit seltsam trauriger Stimme:

»Das war das Schlimmste, was ich bisher erlebt habe. Ich dachte, es sei das Ende. Ich bekam keine Luft mehr, hatte eine Todesangst. Aber dann bin ich eingeschlafen, und jetzt geht's wieder, ich fühle mich so gut wie sonst. Es kommt mir vor, als sei alles ein Traum gewesen.«

Nach einer Weile fügte er lächelnd hinzu:

»Aber müde bin ich. Am liebsten möchte ich jetzt zwei bis drei Wochen hintereinander schlafen.«

Mit seiner Müdigkeit behielt er in den nächsten Tagen auch seine mir so völlig ungewohnte Gleichgültigkeit der Umwelt gegenüber. In solcher Verfassung hatte ich ihn noch nie gesehen. Ich dachte immerfort darüber nach, wie ich ihn von seiner Apathie befreien könne. Mir kam dann Hopfreben in den Sinn: dort im Bregenzer Wald nahe bei Hopfreben lag ein Jagdhaus, in dem wir viele gemeinsame schöne Stunden verbracht hatten. Wir hatten es kurz nach unserer Hochzeit in Pacht genommen und waren seitdem häufig dort gewesen, das letztemal mit unserem Sohn Hubertus. In der Hoffnung, daß Hopfreben und die schönen Erinnerungen, die wir mit ihm verbanden, meinen Mann aufheitern würden, fuhr ich sofort hin, um die Möglichkeit der Unterbringung zu erkunden. Leider lehnte der Kronprinz die Reise nach dort ab. Er fühlte sich eben doch schon zu müde und zu schwach.

Als ich nach Hechingen zurückgekehrt war, schien es mir, daß mein Mann sich wirklich erholt habe. Wenn auch sein Zustand weiterhin besorgniserregend war, so beruhigte es mich doch für den Augenblick, daß er im ganzen erfrischt und in seiner Stimmung wieder heiterer war. Ich fuhr nach Kissingen zurück. Mein Mann nahm sein gewohntes Leben in Hechingen wieder auf. Fast täglich fuhr er zur Burg Hohenzollern hinauf. Diese Fahrten hat er bis einen Tag vor seinem Tode fortgesetzt, als wollte er damit zeigen, wie gesund er sich fühle. In der letzten Zeit beschränkte er sich allerdings darauf, in halber Höhe des Bergkegels anzuhalten und von einem stillen Waldplatz aus, auf dem er bequem sitzen konnte, ins

Hohenzollernland hinauszuschauen, ohne erst zur Burg selbst hinaufzufahren.

Droben wurde zu jener Zeit unsere Familienbegräbnisstätte hergerichtet. Der Platz führt seinen Namen »Offiziersgärtlein« noch aus der Zeit vor 1918, als mit alljährlicher Ablösung eine Wachkompanie zur Burg kommandiert wurde und der schmale, im westlichen Teil der Bastion gelegene Garten den Offizieren als Ruheplatz diente. Man hat von diesem Garten aus denselben herrlichen Rundblick auf die Schwäbische Alb, den Schwarzwald und die fernen Vogesen wie von der Höhe der Burg aus. Seit unseres Sohnes Hubertus Tod hatte jedoch mein Mann das Offiziersgärtlein gemieden. Zwei Tage vor seinem Tode aber, als er mit seinem Kammerdiener Wölk zur Burg hinauffuhr, reichte er Wölk plötzlich den Schlüssel zum Offiziersgärtlein; »Hermann, mach die Tür auf!«

Es war ein klarer Tag, in der Ferne waren die Vogesen sichtbar. Mein Mann setzte sich auf die kleine Bank im Offiziersgärtlein und blieb dort, den Blick auf die Vogesen gerichtet, eine Stunde lang allein und schweigsam sitzen. Als er zurückkehrte, fand ihn der Kammerdiener völlig verändert, still, ernst und stumm. Schließlich reichte mein Mann ihm den Schlüssel, den er bisher niemals aus der Hand gegeben hatte, und sprach mit zitternder Stimme einen einzigen Satz:

»Hier, Hermann, nimm du jetzt den Schlüssel, du wirst ihn bald brauchen.«

Ich verfolgte immer noch die Absicht, meinen Mann zu einem Kuraufenthalt in Bad Berneck zu bewegen Um seine endgültige Zustimmung zu gewinnen, rief ich ihn am 19. Juli 1951, abends gegen sechs Uhr, in Hechingen an. Und diesmal stimmte mein Mann wirklich zu: »Ja, jetzt werde ich fahren, im August«, sagte er aufgeräumt, »sei mir nicht böse, mein Liebes, daß ich deinen Wunsch bisher nicht erfüllt habe.«

Der frohe Klang seiner Worte stimmte mich zuversichtlich. Noch glücklicher war ich, als mein Mann, ganz anders als in den vergangenen Wochen, mit lebhafter Stimme von einem Besuch im Offiziersgärtlein berichtete: «Weißt du, die Blumen da oben sind scheußlich. Wir müssen andere hinpflanzen lassen.«

Das war der alte vertraute Ton. Frohgestimmt erzählte ich nun, daß ich noch am selben Abend ein Konzert von Elly Ney besuchen wolle, und wir sprachen von Elly Ney, von Bonn, von meines Mannes Studentenzeit, von unsern Musikabenden in Cecilienhof...

»Sei unbesorgt, es geht mir viel besser. Und im August fahre ich nach Berneck«, schloß er das lange Gespräch.

Seine Zuversicht machte mich für den ganzen Abend froh. Ich ging in Elly Neys Konzert, kehrte von neuen Eindrücken und alten Erinnerungen erfüllt nach Hause zurück und begab mich zur Ruhe. Nichts ließ mich ahnen, daß ich zum letzten Male mit meinem Manne gesprochen hatte, daß ich die geliebte Stimme niemals mehr hören sollte.

In der Nacht um 2 Uhr weckte mich meine Hausfrau, Frau Anna Sotier, die den Kronprinzen sehr verehrte, um mir mitzuteilen, daß aus Hechingen eine schlechte Nachricht eingetroffen sei. Sie offenbarte mir nicht den Inhalt der Nachricht, und da ich immer noch unter dem Eindruck des Gesprächs stand, das ich am Abend mit meinem Manne geführt hatte, dachte ich nicht an das Letzte. Als jedoch Frau Sotier eine halbe Stunde später zum zweiten Male mein Zimmer betrat, sagte sie mir mit ruhiger Stimme, daß Wölk angerufen und mitgeteilt hätte, daß ein zweiter schwerer Herzanfall meines Mannes seinem Leben ein Ende bereitet hätte.

Ich brauchte lange, um zu begreifen, daß die Stimme vom Abend, die so frohgemut geklungen hatte wie in früheren Zeiten, für immer verstummt war. Denn ich spürte sie noch um mich, dicht an meinem Ohr, lebendig und gegenwärtig: »Sei unbesorgt, es geht mir viel besser... Die Blumen da oben sind scheußlich... Und im August gehe ich nach Bad Berneck...«

Früh am Morgen fuhr ich von Kissingen fort und kam um 10.30 Uhr in Hechingen an. Vor dem Hause in der Fürstenstraße näherte sich mir, traurig und völlig verändert, meines Mannes Schäferhund Argo, der sein ständiger Begleiter gewesen war. Das Tier war sehr verstört, ich sah es ihm sofort an. Auf seiner verzweifelten Suche nach seinem Herrn strich der arme Hund fortgesetzt ums Haus herum. Mit keinem Mittel gelang es mir, ihn mit ins Haus zu nehmen. Später erzählte mir der Haushofmeister, der zusammen mit Argo die erste Totenwache gehalten, daß er den Hund nur mit Gewalt ans Sterbezimmer habe fesseln können. Nach der Überführung des Sarges von der Wohnung in die Burgkapelle mied Argo das Haus völlig. Ich gab ihn zunächst einem tierliebenden Nachbar in Pflege, später der Familie des Fürsten von Hohenzollern-Sigmaringen, wo er seitdem in guter Obhut ist.

Die Treue des Tieres, seine Verstörtheit und seine Verlassenheit griffen mir ans Herz. Angesichts des Schmerzes der Kreatur brach der eigene Schmerz mit elementarer Gewalt hervor. Nur mühsam konnte ich mich beherrschen, als der Haushofmeister die Einzelheiten vom Sterben meines Mannes berichtete, wie schon bald nach un-

serm Telefongespräch am Abend die Herzattacke eingesetzt, wie nach zwei Injektionen der Anfall nachgelassen
und mein Mann noch gesagt hatte: »Nun geht es mir wieder besser«, und wie er danach sanft entschlafen war.

Ich schloß mich im Sterbezimmer ein und ließ nun
meinen Tränen freien Lauf. Immer wieder mußte ich in
dieses liebe, so friedlich aussehende Antlitz schauen, in
dessen scharfgeschnittene Züge der Tod viel stärker noch
als das Leben das Bild des großen Preußenkönigs eingeprägt hatte.

Seine Züge wirkten so lebendig, daß ich zunächst
nicht an seinen Tod glauben wollte. Die Augen waren
nicht ganz geschlossen, so daß das intensive Blau, das ein
besonderes Merkmal des Lebenden gewesen war, mich
zweifeln ließ. Ich mußte mich wiederholt bei den Ärzten
und bei Wölk vergewissern, daß das Schreckliche wirklich geschehen war.

Vor meinem Geiste rollten noch einmal die sechsundvierzig Jahre gemeinsamen Lebens ab: unsere erste Begegnung in Schwerin, die glanzvolle Hochzeit in Berlin,
die Geburt unserer Kinder, die glücklichen Jahre in Danzig, unsere Auslandsreisen, die neunjährige Trennung
durch Krieg und Verbannung, das Leben auf Oels und Cecilienhof, der zweite Weltkrieg, die Flucht aus dem Osten,
die letzten einsamen Jahre … Es war ein halbes Jahrhundert menschlichen Schicksals, in dem sich das Schicksal
eines ganzen Volkes spiegelte.

Ich glaube, daß dies viele andere mit mir empfunden
haben. Selbst unter den Gegnern des Kronprinzen erhob
sich bei seinem Tode kaum eine Stimme, die sein Ableben
nicht im versöhnlichen Lichte des gemeinsamen Schicksals betrachtet hätte. Aus allen Teilen Deutschlands und

Das Kronprinzenpaar, um 1930

von jenseits der Grenzen kamen Zeugnisse einer echten, aufrichtigen Teilnahme. Viele Menschen waren sich bewußt, daß mit dem Tode des Kronprinzen ein großer, durch ein halbes Jahrtausend vom Werk des Hohenzollerngeschlechtes bestimmter Abschnitt der deutschen Geschichte endete.

Diese Gedanken waren es auch, die Pfarrer Macholz zum Ausdruck brachte, als er in seiner Gedächtnisrede während der Trauerfeier in der Kapelle der Burg Hohenzollern die Worte sprach:

»Als am vergangenen Freitagmorgen auf dem Turm dieser Burg Hohenzollern die Fahne des Burgherrn auf halbmast gesetzt wurde und in das weite schwäbische und deutsche Land Kunde davon gab, daß der Burgherr, der Kronprinz des Deutschen Reiches und von Preußen, verschieden war, da ist es wohl uns allen, die wir hier versammelt sind, und einer großen Zahl deutscher Menschen nah und fern bewußt geworden, daß mit diesem Manne nicht nur das Oberhaupt eines alten deutschen Geschlechtes mit einer großen Vergangenheit und einer ruhmreichen Geschichte und Tradition sein Leben vollendet hat, sondern daß mit ihm ein Stück unserer geschichtlichen Vergangenheit, unserer eigenen Geschichte dahingegangen ist – der Geschichte, aus der wir als deutsche Menschen herkommen, die ein Teil unseres Seins ausmacht, die uns alle irgendwie geprägt hat, ob wir uns dessen bewußt sind oder nicht.

Mit ihm, um dessen Sarg wir uns hier an geschichtlichem Ort versammelt haben, ist der letzte Träger des Namens ›Kronprinz des Deutschen Reiches und von Preußen‹ dahingegangen, und diese Worte umschließen mehr als nur einen Namen, sie sind gleichsam einer der wenigen Zeugen einer Zeit deutscher Einheit und Stärke, die unserm Volke nur so kurze Zeit geschenkt war. Und diese Worte seines Namens umfassen den Auftrag und die Bedeutung des Verstorbenen, aber auch seine Last, sein Leid und seine Tragik. In diesem Namen ist sein Leben geprägt.

Durch Geburt zum Thronerben des deutschen Kaiserthrons bestimmt, wuchs er in der strengen soldatischen Zucht der Tradition des preußischen Königshauses auf, die ihn tüchtig machen sollte, einst der vornehmste Diener seines deutschen Volkes zu werden. Viele Gaben waren ihm für diese Aufgabe mitgegeben: ein freies Urteil und der verantwortungsbewußte und verantwortungsfreudige Mut, dieses Urteil auch gegen andere zu vertreten ... Was Aufgabe und Ziel seines Lebens war, war ihm genommen worden. Das Geschick seines Volkes, das er einst mit berufen war zu leiten, ward ihm nun zu erleiden auferlegt.«

An dem Tage, als der Sarg vom Sterbehaus zur Burgkapelle übergeführt wurde, bildete eine große Menschen-
menge ein dichtes Spalier auf beiden Seiten des fünf Kilo-
meter langen Weges, der von Hechingen zur Burg Hohenzollern hinaufführt. Um sich einen Platz zu sichern, hatten sich viele bereits am frühesten Morgen aufgestellt.
Von nah und fern waren sie nach Hechingen gekommen,
Menschen, die ihn geliebt und verehrt hatten. Eine Begegnung, die mich tief berührte und mir als ein Symbol der
Treue und Anhänglichkeit erschien, war die Erscheinung
des alten, bescheidenen Mannes aus Husum, der sein
letztes Geld zusammengerafft hatte, um nach Hechingen
fahren zu können. Er war ein ehemaliger Leibhusar und
wollte es sich nicht nehmen lassen, seinem alten Regi-
mentskommandeur die letzte Ehre zu erweisen.

Des großen Menschenandranges wegen mußte der
nähere Umkreis der Burg am Tage der Bestattung abge-
sperrt werden. Die geräumige Kapelle faßte kaum die
große Zahl der Trauergäste, zu denen außer den Familienangehörigen fast alle deutschen Fürsten, Vertreter der
Bundesregierung und der Lokalbehörden, Freunde und
Kameraden gehörten.

»Wir mögen fragen: Was bleibt uns, wo alle Macht und
Herrlichkeit der Welt so dahin muß?« sagte Pfarrer Mach-
holz in seiner ergreifenden Gedächtnisrede. »Es bleibt auf
der Höhe der Macht und in der Tiefe des Leides, in der
Freude des Erfolges und in der Not des Verzagens, im Leben und im Sterben das Erbarmen unseres Gottes und
Heilandes! Euch aber, die ihr die große Aufgabe und Verantwortung habt, den Namen dieses alten Geschlechtes mit

hineinzutragen in die deutsche Zukunft, bleibt es, daß ihr es tun möget im Wissen um die Gnade Gottes und sein Erbarmen, das uns tragen und leiten will und bewahren kann!«

Vor dem Altar stand neben dem Sarg die Urne, die die Asche unseres Sohnes Hubertus umschloß. Sie beide, Vater und Sohn, fanden in derselben Stunde ihre letzte Ruhestatt im »Offiziersgärtlein«, jenem stillen Platz hoch oben in der Bastion der Burg, von wo der Blick weit hinaus ins deutsche Land und noch weiter, wenn der Tag klar ist, bis hinein in die Vogesen schweifen kann.

Ich empfand es als ein seltsames Zeichen, daß am selben Tage, fast zur selben Stunde, in der der Kronprinz starb, auch der Mann dahinschied, der im Ersten Weltkrieg vor Verdun sein Gegner, ein großer Gegner, gewesen war: Marschall Pétain. Dieses Zusammentreffen erschien mir um so denkwürdiger, als mir zum Bewußtsein kam, daß keiner von beiden der Sieger geblieben war. So wie der Kronprinz zuletzt als Flüchtling gelebt hatte, so hatte Péain seine letzten Jahre in der Verbannung auf einsamer Insel verbracht. Und weder dem einen noch dem andern war es vergönnt, seine letzte Ruhestatt dort zu finden, wo er es sich gewünscht hatte: unter seinen Soldaten.

Der Kronprinz ist sich der Tragik, die über seinem Schicksal lag, stets bewußt gewesen. Er hat dieses Schicksal, ein Kaiser ohne Reich zu sein, mit der ganzen Würde getragen, die ihm mit seiner ernsten, nüchternen, ritterlichen und alles Menschliche begreifenden Wesensart verliehen wurde. Er hat mich, seine Lebensgefährtin, die Mutter seiner Kinder, ein Leben lang stolz und glücklich gemacht, und bis zu meiner letzten Stunde wird er für mich bleiben, was er mir immer gewesen ist: Der Kaiser meines Herzens.

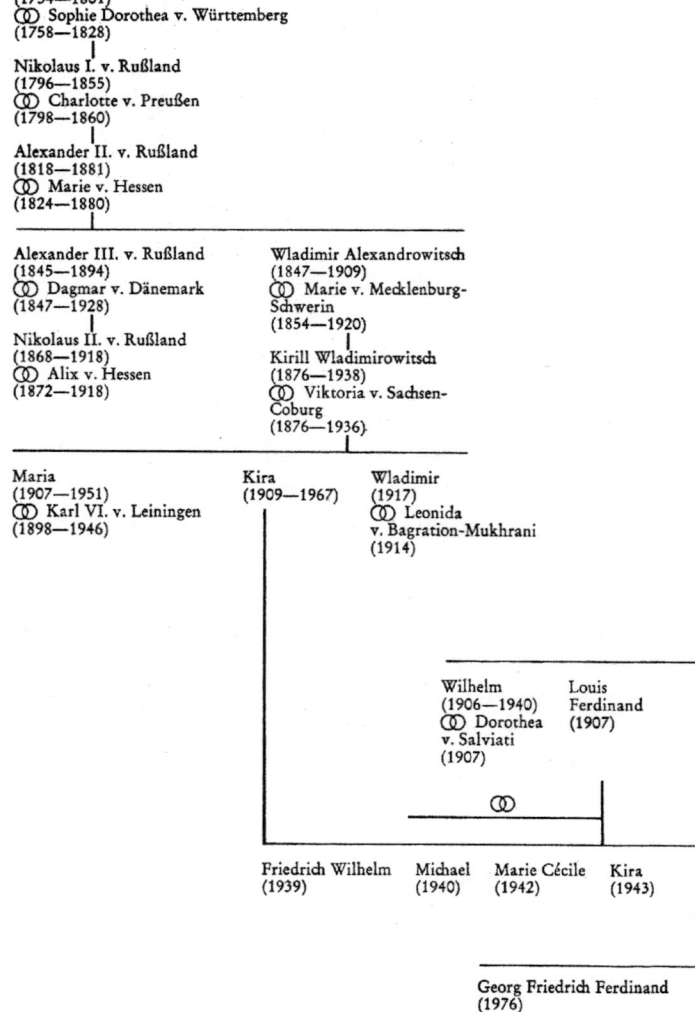

Paul I. v. Rußland
(1754—1801)
⚭ Sophie Dorothea v. Württemberg
(1758—1828)

Nikolaus I. v. Rußland
(1796—1855)
⚭ Charlotte v. Preußen
(1798—1860)

Alexander II. v. Rußland
(1818—1881)
⚭ Marie v. Hessen
(1824—1880)

Alexander III. v. Rußland
(1845—1894)
⚭ Dagmar v. Dänemark
(1847—1928)

Wladimir Alexandrowitsch
(1847—1909)
⚭ Marie v. Mecklenburg-
Schwerin
(1854—1920)

Nikolaus II. v. Rußland
(1868—1918)
⚭ Alix v. Hessen
(1872—1918)

Kirill Wladimirowitsch
(1876—1938)
⚭ Viktoria v. Sachsen-
Coburg
(1876—1936)

Maria
(1907—1951)
⚭ Karl VI. v. Leiningen
(1898—1946)

Kira
(1909—1967)

Wladimir
(1917)
⚭ Leonida
v. Bagration-Mukhrani
(1914)

Wilhelm
(1906—1940)
⚭ Dorothea
v. Salviati
(1907)

Louis
Ferdinand
(1907)

⚭

Friedrich Wilhelm
(1939)

Michael
(1940)

Marie Cécile
(1942)

Kira
(1943)

Georg Friedrich Ferdinand
(1976)

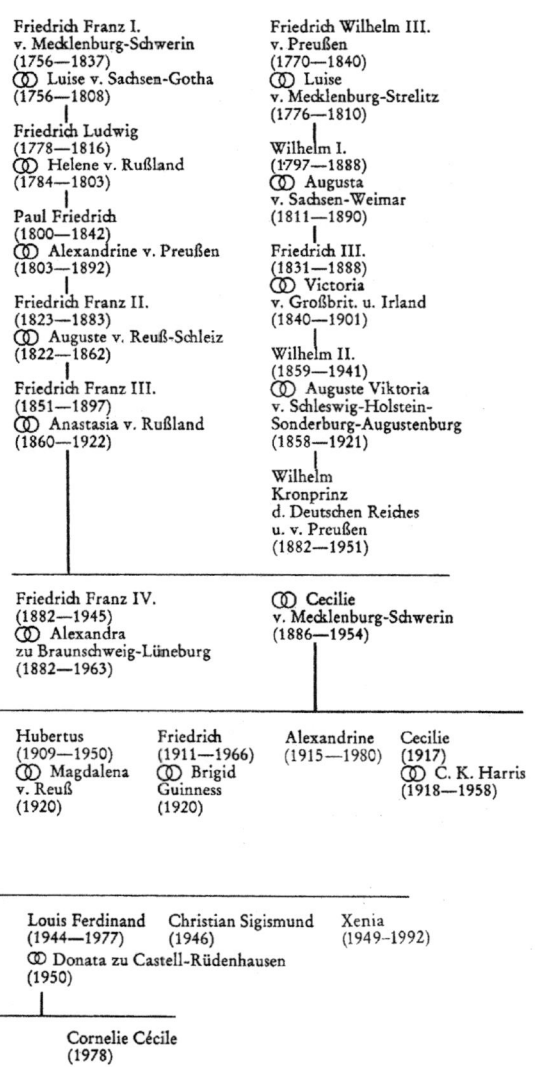

Friedrich Franz I.
v. Mecklenburg-Schwerin
(1756—1837)
⚭ Luise v. Sachsen-Gotha
(1756—1808)

Friedrich Ludwig
(1778—1816)
⚭ Helene v. Rußland
(1784—1803)

Paul Friedrich
(1800—1842)
⚭ Alexandrine v. Preußen
(1803—1892)

Friedrich Franz II.
(1823—1883)
⚭ Auguste v. Reuß-Schleiz
(1822—1862)

Friedrich Franz III.
(1851—1897)
⚭ Anastasia v. Rußland
(1860—1922)

Friedrich Wilhelm III.
v. Preußen
(1770—1840)
⚭ Luise
v. Mecklenburg-Strelitz
(1776—1810)

Wilhelm I.
(1797—1888)
⚭ Augusta
v. Sachsen-Weimar
(1811—1890)

Friedrich III.
(1831—1888)
⚭ Victoria
v. Großbrit. u. Irland
(1840—1901)

Wilhelm II.
(1859—1941)
⚭ Auguste Viktoria
v. Schleswig-Holstein-
Sonderburg-Augustenburg
(1858—1921)

Wilhelm
Kronprinz
d. Deutschen Reiches
u. v. Preußen
(1882—1951)

Friedrich Franz IV.
(1882—1945)
⚭ Alexandra
zu Braunschweig-Lüneburg
(1882—1963)

⚭ Cecilie
v. Mecklenburg-Schwerin
(1886—1954)

Hubertus
(1909—1950)
⚭ Magdalena
v. Reuß
(1920)

Friedrich
(1911—1966)
⚭ Brigid
Guinness
(1920)

Alexandrine
(1915—1980)

Cecilie
(1917)
⚭ C. K. Harris
(1918—1958)

Louis Ferdinand
(1944—1977)
⚭ Donata zu Castell-Rüdenhausen
(1950)

Christian Sigismund
(1946)

Xenia
(1949–1992)

Cornelie Cécile
(1978)